スポーツの支配者たち

巨人帝国崩壊

谷口源太郎

花伝社

巨人帝国崩壊──スポーツの支配者たち◆目　次

第一部　巨人帝国崩壊──プロ野球はどこへいく

はじめに　10
1　プロ野球のはらんだ特異性　14
2　新聞四社が参加したリーグ　17
3　公職追放解除で球界に復帰した正力　20
4　テレビ開局と巨人戦略　24
5　九連覇で巨人中心主義が確立　26
6　パ・リーグに壊滅的打撃を与えた黒い霧事件　28
7　「強者の論理」で読売が起こした江川事件　30
8　巨人改革を頓挫させた渡邉　33
9　プロ野球市場に食い込んだ大リーグ　36
10　グローバリゼーションとニセ物　39
11　巨人至上主義の悪あがき　40
12　自由競争か共存共栄か　43

第二部　スポーツに賭けた堤義明の野望と挫折

はじめに　48
1　野球に抱いた野望　51
2　JOCに賭けた堤の野望　65
結び　84

第三部　ゼニと日の丸のスポーツ大国幻想——スポーツ界はいま

1章　日本のプロ野球に未来はあるか　90
1　時代に逆行する「YOMIURI」巨人　90
2　松井選手が抜けて巨人はどうなる　93
3　渡邉オーナーの巨人帝国がもたらした荒廃　96

4 〝阪神優勝〟でわかったプロ野球の崩壊 98
5 牛肉偽装事件と日本ハム球団 101
6 横浜球場の裏口から逃げ出す砂原オーナー 104
7 根来・新コミッショナーを覆う巨人の影 106
8 七〇年続いたプロ野球物語の中断 109
9 渡邉恒雄氏の軍門に降った堤オーナーの重罪 112
10 プロ野球問題を巡る『読売』と『朝日』の因縁 114
11 松井を呼ぶために渡邉オーナーがやったこと 117
12 労組選手会が経営側に打ち込んだ楔 120
13 企業チームから脱却できない楽天の限界 122

2章 オリンピックの光と影――繰り返されるオリンピック狂想曲 125

1 五輪支持に方向転換した『読売新聞』の狙い 125
2 「人寄せ長嶋」めぐる堤、渡邉両氏の確執 128
3 JOC会長に年俸一五〇〇万円の裏事情 130
4 千葉すずの願いと遠いスポーツ仲裁機構 133

5　高橋尚子をアテネに送りたい陸連の思惑　136
6　道理から逸脱した岡本選手の五輪参加　138
7　千葉すずの願い届かぬ水連の選考基準　141
8　ボンズら一〇〇人以上にドーピング疑惑　144
9　アジア大会でメダルがとれなかった理由　146
10　電通の金集めに頼るＪＯＣの肖像権ビジネス　149

3章　サッカーＷ杯——ＦＩＦＡの金権体質とアジア蔑視　152

1　「寝ていない」ではすまないＷ杯空席問題　152
2　Ｗ杯が最高の大会でなくなった理由——東アジアからＦＩＦＡ改革の狼煙を　155
3　ＣＩＡとＦＢＩに守られるサッカー日本代表　157
4　川淵会長がぶち上げたＷ杯招致の無責任　160
5　三菱自動車の犯罪に無頓着な浦和レッズ　163

4章　スポーツと平和主義　166

1 中田や愛ちゃんたちの反戦メッセージ 166
2 語り継がれないアテネ五輪と戦争の物語 169
3 孫基禎さんの死を無視したJOC 172
4 中東問題とアジア大会の知られざる関係 174
5 北朝鮮参加が歴史的意義を与える 177
6 パトリオット・ミサイルとアテネ五輪 180
7 報道されない「オリンピック休戦」 182
8 ブッシュと小泉のオリンピック 185
9 イラク五輪委員会の資格停止処分が解除された理由 188

5章 虚構としての国技——相撲のルーツは復活するか？ 191

1 朝青龍横綱昇格と「国技」の虚構 191
2 力士より収入を優先させる北の湖理事長 194
3 「しこ」でけがが防げるという北の湖の妄言 197

6章　あてが外れたサッカーくじの不人気――ギャンブルでスポーツ振興？　200
1　二〇億円めぐって官庁が縄張り争いのドロ仕合　200
2　サッカーくじ、コンビニ販売という愚策　203
3　クラブチームに一億円援助する文科省の本末転倒　205
4　最高二億円になるサッカーくじの不人気度　208

7章　サラ金にすりよるスポーツ界　211
1　スポーツ界が消費者金融に背負わされる債務　211
2　武井会長逮捕でも武富士を切れないJリーグ　214
3　武富士の犯罪をごまかすバレーボールチーム　216

8章　日の丸とスポーツ――国威発揚「がんばれニッポン！」　219
1　長嶋日本代表監督がもたらす深刻な事態　219

2 「日の丸」を強調しすぎる長嶋ジャパン 222
3 サッカーW杯などで愛国心あおる『心のノート』 224
4 森山直太朗は「君が代」を本当に歌うのか 227

9章 政治とスポーツ 230

1 三万人のマラソンに潜む石原都知事の野望 230
2 スポーツを売り物にするワセダの商法 233
3 約四〇年ぶりに高知国体で実現する常識 235
4 青森冬季アジア大会が歓迎されない理由 239
5 西武鉄道専務逮捕で噂される堤会長の今後 241
6 堤義明氏に要求すべき完全撤退 244
7 土建行政と命名権ビジネスの浅薄さ 247

10章 民衆とスポーツ 250

1 欲求不満のはけ口だったサップ曙戦 250

2　スポーツファンへの警鐘　253
あとがき　256

写真提供――共同通信社
㈱フォート・キシモト

第一部　巨人帝国崩壊——プロ野球はどこへいく

はじめに

二〇〇五年、プロ野球界について「改革元年」が声高に叫ばれた。

その背景には、言うまでもなく〇四年、オリックス・ブルーウェーブと近鉄バファローズとの合併を契機とした球界再編を巡る騒動があった。

一リーグ制をも射程に入れた再編を狙う日本プロ野球組織（NPB）側に対して労働組合選手会（選手会）は、球団縮小に反発し、初めてのストライキを打って抵抗した。

その結果、選手会の強硬手段は功を奏し、NPBの大幅な譲歩を引き出し、「球界改革」への同意を取り付けた。

具体的には、「楽天イーグルス」の新規参入、セ・パ交流戦、そしてNPBと選手会との協議を担保する「機構改革委員会」の設置などが実現した。これらのことから、〇五年シーズンを「改革元年」と意味づけようという声が球界をはじめメディアなどから上がったのだった。

シーズンに入るや新規参入した楽天と、ダイエーホークスを買収して新たなスタートを切ったソフトバンクとは、明暗をくっきりと分けた。

時間的制約もあって寄せ集めのチームになった楽天は、「一〇〇敗」を予想されるほどの不様で惨めな試合ぶりで、ペナントレースへの興味を大きく減じた。

一方、ソフトバンクは、「目指すは世界一」を掲げ、球界を牽引するかのような勢いを示した。この両チームの明暗は、一時的な現象で終わるとは思えず、球界を揺らす要因を孕んでいる。

また、プロ野球史上初めてのセ・パ交流戦（五月から六月中旬まで各チーム三六試合）は、初めての対戦相手という未知さや指名打者制の有無の違いなどから、実際の試合に意外性や新鮮さを感じさせた。しかし、来シーズンでは、間違いなく、そうした意外性や新鮮さが薄れるであろう。

「改革」という意味で、「機構改革委員会」での協議が最大の鍵となるであろう。ドラフト制度や年俸の有り様など、球団の存続に関わる改革を実現できるかどうか。

NPBは、先手を打つ形で自由選択枠を一にするなどのドラフト制の手直しを決めた。これに対して完全ウエーバー方式の導入を主張する選手会がどう対応するのか。また、年俸についてもNPB側が総体的に引き下げを要求するのは間違いなく、選手会はどこまで譲歩するのか。こうした重大な課題が残されている。

いずれにしても、そうした改革に取り組まねばならないほど、球界は、かつてないほどの深刻な事態に直面している。

しかし、NPBや選手会が目指している「改革」でプロ野球は、果たして再生可能であろうか。改めて、〇四年に起きた球界再編の動きに孕まれていた根源的な問題を見つめ直す必要がある。

その根源的な問題とは何か。端的に言えば、七〇年にわたるプロ野球の歴史に一貫してきた「巨人中心主義」が破綻したことである。それは同時に、「巨人中心主義」によってプロ野球が到達した「見るスポーツ」の頂点から転げ落ちることを意味する。言い換えれば、プロ野球は、今や「見るスポーツ」としての限界に行き当たり、存立基盤そのものが崩れかねない危機的な事態に直面しているのだ。

今さら言うまでもないことだが、プロ野球を「見るスポーツ」の頂点に押し上げた原動力は、巨人という人気球団の存在だった。

巨人戦を新聞の拡販やテレビの視聴率稼ぎに利用するために親企業の読売新聞社、同じグループの日本テレビは、連携してその人気獲得を目指してメディアミックスによる独占的で徹底した報道や広告宣伝を繰り広げた。

その結果、巨人は異常とさえ言えるような圧倒的な人気を獲得した。こうして巨人人気に依存する「巨人中心主義」が球界に定着したのである。

そこで見過ごしにできないのは、すべての親企業が読売グループに習って球団を広告宣伝などの道具と見なしてきたことだ。それを象徴するのは、チームに親企業名を冠していることだ。チーム＝企業名の露出による広告宣伝効果を換算して球団が赤字でも広告宣伝費で埋めればいい、というのが親企業の考えだった。こうして、巨額の赤字を累積させながらも球団は維持されてきたのだ。

しかし、巨人中心主義の流れは、こうした本質的な問題も飲み込んで見えなくしてきた。九〇年代に入ると、巨人人気を表す観客動員数やテレビ視聴率などの数字に変化が起きた。巨人人気は、下落傾向を示し、低迷し続け、二〇〇〇年代に入るや急速に下落し歯止めの掛からない状態に陥った。

これは、顕著なファン離れを示す現象であり、それは同時に「巨人中心主義」の破綻をも表象するものと見て誤りではないだろう。

加えて、日本の企業は、アメリカ発の新自由主義に基づく市場経済の厳しい波を受け、経営の徹底した効率化や財務内容の透明化を迫られた。球団を所有する企業もその例外ではなく、球団経営の見直しを余儀なくされた。株主の利益を優先すべきだとする新自由主義からすると、親企業の広告宣伝ということで球団の赤字を補填することは株主に対する説得力がない、ということになるのだ。

オリックス球団の宮内義彦・オーナーが近鉄球団との合併に踏み切ったのも、コスト削減を図り球団の赤字を減らすためであった。そうすることで株主にも納得してもらえる、という論理だ。それとともに宮内は、プロ野球市場が縮小しているなかで、球団経営を成り立たせるためには市場に見合った形の再編が必要だとも考えていたようだ。

合併を公表する前に渡邉恒雄・巨人オーナーの了解を取り付けるなどの宮内の動きから、合併を突破口として球界を再編する、という筋書きが透けて見えた。

注視すべきは、宮内の合併公表にタイミングを合わせたかのように奥田碩・日本経団連会長が合併に賛意を示したばかりか、「一リーグ、八球団が理想」とまで言い放ったことだ。

この奥田発言は、単に宮内をバックアップすると言うだけでなく、新自由主義を推進する財界の意向（経営効率化や競争力強化など）を球界にも反映させる企図があったと見て誤りなかろう。

結果的には、選手会が球団の縮小、一リーグ制への再編に真っ向から反対し、ストライキを打ちそれを潰し、二リーグ、一二球団（新規参入を含めて）の体勢維持をＮＰＢ側に認めさせた。

しかし、それによって、「巨人中心主義」の破綻、窮地に陥った球団経営など、根源的な問題が解決されたわけではない。

新自由主義市場経済のグローバル化がもたらした優勝劣敗、弱肉強食の世界に取り込まれ、大リーグを初めとするアメリカのプロスポーツやヨーロッパのプロサッカーなどとの競争が避けられなくなるなかで、プロ野球は、明らかに「見るスポーツ」としての商品価値を減じており、観客（消費者）の関心を引き留められなくなっている。

プロ野球は、何処へいくのか、果たして新たな展望を切り開くことができるのか。

その手掛かりを見出すには、プロ野球の歴史をラディカルに検証するしかない。

1　プロ野球のはらんだ特異性

プロ野球を創設したのは、読売新聞社長・正力松太郎である。

正力がどのような人物であったのか詳細についてはさておくとして、警察官僚から読売新聞社長に就任し、新聞経営に凄腕を発揮するにいたる略歴を紹介しておこう。

〈一八八五年、富山県生まれ。一九一一（明治四四）年東大独法科卒。一二年内閣統計局に入り、同年高文試験合格。一三年警視庁に入り警察署長などを経て、一七年第一方面監察官、一九年刑事課長、二一年官房主事兼高等課長。米騒動、普選大会、東京市電ストなどの鎮圧、第一次共産党検挙などで功績抜群を賞せられた。二三年、難波大助の虎の門事件の警備責任を負って即日辞任、二四年懲戒免官、特赦となった。これを機に官界を離れることを決意、後藤新平から一〇万円の融資を受けて読売新聞の七代目社長に就任した。新聞経営にのりだしてからは、徹底的な大衆化によって新しい読者層を吸引する事を図り、つぎつぎに大胆な企画を打ち出した。〉（朝日新聞社編『朝日人物事典』――掛川トミ子より抜粋引用）

警察権力を背に民衆を弾圧してきたものが一転して大衆的な新聞づくりをするという、その落差の裏に一体何が隠されていたのだろうか。それを突き止めるには、正力の足跡を辿るしかない。

正力が社長に就任したころ読売の部数は五万部。東京朝日が三〇万部、時事、国民がそれぞれ二〇万部で、読売は明らかに弱小の新聞だった。それゆえに、部数拡大が正力の双肩にかかっていた。

正力の進めた「新聞の大衆化」の中身を一言で表せば、「娯楽重視」ということだ。正力は、ピンクの用紙を使ったラジオ版をはじめ囲碁、将棋、スポーツ欄やグラフ頁などをつぎつぎに創設した。

そうした娯楽路線の中核として正力は野球を位置付けた。その第一弾は、大リーグの招聘《しょうへい》であった。その大胆な発想の裏には正力の確たる考えがあった。

「天下第一等のものに人は目をみはる。だから成功する。ケチケチして二、三流のもので間に合わそうとするから企画は失敗し、せっかくの出費も死に金になる」(菊幸一著『「近代プロ・スポーツ」の歴史社会学』不昧堂)

三一年に第一回日米野球が開催され大反響を巻き起こした。三四年の第二回日米野球では、日本を代表する「大日本東京野球倶楽部」が結成され大リーグ選抜チームと対戦した。大リーグ選抜チームにベーブルースが加わっていたこともあり、その反響は第一回(ベーブルースは不参加)の時をはるかに凌いでいた。

この大リーグ招聘によって読売は、知名度を高めたばかりか宣伝効果も大きく部数も一気に拡大し、計り知れない利益を得た。正力は、民衆の熱狂ぶりに確信を得たのであろう、同年一二月に自ら「大日本東京野球倶楽部」を主体にした「東京巨人軍」(巨人)を創設し、プロ野球リーグ結成に乗り出した。

その際、正力は、プロ野球についての明確な考えを表明した。

「プロ野球は儲からなくてもよい、国民一般が明るい娯楽として楽しんでくれて、勤労の意欲ともなれば自分がプロ野球を作った意義が生かされる」(同著)

プロ野球は儲からなくいい、という正力の考え方がその後のプロ野球の基本的な有り様を規定することになった。

2　新聞四社が参加したリーグ

正力は、巨人を創設するや即座にリーグの結成に動いた。そのやり方たるや意外なものだった。正力は、同業である新聞社にリーグへの参加を呼びかけたのだ。

その大胆な策は正力の経営哲学を反映したものだ、という見方もあった。正力と深く関わりのあった鈴木龍二（国民新聞出身。長年セ・リーグ会長を務めた）は、回顧録（ベースボール・マガジン社）にこう記している。

〈……正力さんはよく「利行は一法なり、あまねく自他を利するなり」ということを口にされた。これは越前に永平寺を開いた曹洞宗の開祖道元禅師の言葉であって、他人のためになることは、古今を通じての哲理である。それがやがてみずからも利することになる。いいものはまず他人に与えて、よきライバルを作ることが、自分をも大きくすることである、というのが正力さんの経営哲学であった。……〉

正力の宗教心がどうであったかはおくとして、そうした「経営哲学」がプロ野球という新たな事業を創造していく上で効力を持ったのは間違いなかった。

正力の精力的な働きかけによって、巨人創設から一年二ヶ月後の三六年二月、「日本職業野球連盟」、つまりプロ野球リーグが創立された。

加盟した七球団のうち次の四球団が新聞社の所有だった。

読売の巨人のほか、国民新聞の大東京軍、名古屋新聞の名古屋金鯱軍、新愛知新聞の名古屋軍。その他に鉄道関係の三球団――阪神電鉄のタイガース、阪急電鉄の阪急軍、西武鉄道四〇%出資のセネタースが加盟した。

当時は、アマチュアリズムがスポーツ世界の支配的な思想であり、当然、プロ野球に対する風当たりは強かった。球団関係者のなかでは、プロ野球の広告を巡ってアマチュアリズムと商業主義との葛藤があった。

〈……ある会議のとき誰かから「プロ野球も新聞で広告をしようじゃないか」という話が出た。そのとき、ぼくは「プロ野球が新聞広告で客を呼ぼうなどというのは、商品の宣伝と同じだ。プロ野球はもっと権威を持たなくちゃいかん。新聞広告には反対だ。プロ野球のニュース化を考えるべきだ。（略）われわれは、プロ野球はスポーツで、神聖である、という誇りを持っていた。それで、甲子園でも広告をとらなかった。〉（『鈴木龍二回顧録』）

圧倒的な人気を得ていたアマチュアリズムの学生野球に対してプロ野球も広告や宣伝によってではなく、プレーでニュースに取り上げてもらえるようにしなければならない、というのが鈴木らの考えだった。

その意味でも限られてはいるものの新聞社が球団を持つことで紙面にプロ野球のニュースを掲

載したことの影響は小さくはなかった。プロ野球関連のニュースを掲載することによって他紙と差別化でき販売拡大に繋がった。そればかりでなく、プロ野球そのものの認知度を大いに高めた。ともかく、アマチュアリズムに押しつぶされないだけの確固たるプライドを持たなければならない、という気概を綱領に込めてリーグはスタートした。

その綱領は次の通りだ。

一、我連盟は野球の真精神を発揮し以て国民精神の健全なる発達に協力せん事を期す

二、我連盟は「フェア・プレー」の精神を遵守し模範的試合の挙行を期す

三、我連盟は日本の健全且つ飛躍的発達を期し以て野球世界選手権の獲得を期す

なお、日中戦争を背景に三八年、次の一項が綱領に加えられた。

一、我連盟は国民精神の振興及び国民体位の向上に協力し以て野球報国の実を挙げん事を期す

また、三七年に後楽園がバックアップす

巨人を結成するとともに、プロ野球リーグの創設を主導した正力松太郎氏

るイーグルの加盟により八球団体制となった。

3 公職追放解除で球界に復帰した正力

戦争中、プロ野球界は、産業報国会と共催して、「産業戦士慰問大会」を開催したり、「勤労報国隊」を結成し選手を産業戦士として軍需工場へ派遣、連盟の名称を「日本野球報国会」に変えるなど積極的に戦争に協力した。

また、二〇歳前後の若い選手がつぎつぎに招集され出征していった。そして、戦死した選手は七〇名以上にのぼった。

ところで、戦争中から戦後にかけて正力はどのような足跡を残したのだろうか。

〈……満州事変以後は独特のセンセーショナリズムで大衆の戦争ムードを巧みに誘導し、飛躍的に部数を伸ばし、三大紙の一つに数えられるまでになった。（略）四〇年大政翼賛会総務、四四年貴族院議員、小磯内閣の顧問などに就任した。

敗戦後の四五年、社員大会で戦争責任を追及され退陣を要求されたが拒否、新たに結成された従業員組合との抗争（第一次読売争議）中に、A級戦犯容疑の指名を受け、有馬恒悟を社長として争議を解決、巣鴨拘置所に収容された。四六年公職追放。四七年釈放。五一年追放解除。……〉（『朝日人物事典』）

戦争という事態に対して、国家権力の側に身を置き、大衆の戦争ムードを巧みに誘導した、というところに正力の思想の有り様が象徴的に表された。政治家として、また新聞人として正力は、二重の戦争責任を背負った。

しかし、正力は、そうした戦争責任に対する反省を言動で示すことはなかった。それどころか、公職追放による拘束から釈放されて、わずか一年五ヶ月後の四九年二月に正力は、球界に復帰し、社団法人日本野球連盟名誉総裁とコミッショナーを兼務するポストに就いたのだ。

正力は、プロ野球の目指すべき三大目標を打ち出し、コミッショナーとしての意欲を示した。

一、アメリカ・大リーグ球団の招聘

二、二リーグ制の創設

三、東京に新球場建設

特に注目されたのは、球界編成の核になるリーグについて正力が二リーグ制を提案したことだった。見過ごすべきでないのは、その提案にＧＨＱの占領政策に関わる思惑も含まれていたことだ。

〈……二十四年二月二十三日、東京会館でマーカット少将立ち会いのもとに、正力さんのコミッショナー就任の認証式が行われた。このときマーカット少将から「二リーグ制を敷くことは、日本のプロ野球に進歩をもたらすことである」という談話の発表があった。マーカット少将は、極東地区コミッショナーとして野球とは深いかかわりを持っていたが、マッカーサー元帥が厚木に降り立ったときから、日本の占領政策を成功させるには野球を奨励するのが早道だ、ということが決まっていた。……〉(『鈴木龍二回顧録』)

ところが、GHQ内部に、正力のコミッショナーに反対する声が出て、五月初旬に正力は辞任せざるを得なくなった。それでも、株式会社日本野球連盟会長に就任し、自ら提案した二リーグ制などの課題に影響力を発揮した。

いうまでもなく、球界をどのように編成するかは、プロ野球の行方を決定付ける重大性を含んでいた。二リーグ制について正力は、独自の構想を持っていた。それは、とりあえず毎日新聞と他一社を加えた一〇球団の一リーグ制とし、二年後に球団を増やし、各六球団の二リーグ制にする、というものだった。

正力が毎日にこだわったのは、東京は読売、大阪は毎日がそれぞれリードしていく、という戦略だった。

しかし、正力への反発に加えて毎日の加盟に対する反対、それに加盟申し込みが増えたり紆余曲折し、結局、四九年一一月、セントラル・リーグと太平洋野球連盟(後にパシフィック・リーグとした)の二リーグ制を敷くことになった。それぞれの所属球団は次のとおり。

セントラル・リーグ——巨人、中日、阪神、松竹、大洋、西日本、広島、国鉄

太平洋野球連盟——阪急、大映、南海、東急、毎日、近鉄、西鉄

二リーグ制という形はできたものの、一方が八球団、他方が七球団という変則さにも表れてい

るように球団を所有する企業はエゴイズムを剥き出しにし、挙げ句の果てに両リーグ間には、根強い反発が残った。

すべての球団が協同し一丸となってプロ野球を発展させる、というのとはほど遠い戦後の出発の仕方がその後も改革されることはなかった。引き抜きなど選手の争奪が激しく行われ、球界は乱れに乱れた。本末転倒なのだが、事態打開のための方策として、五一年四月、正力の後不在になっていたコミッショナー及び機関が設置された。コミッショナーには、元検事総長で弁護士の福井盛太が就任した。

その二ヶ月後に戦前の綱領や規約を塗り替えた「野球協約」が発効した。戦前の「綱領」は、「協約の目的」として次ぎのように書き換えられた。
1　わが国の野球を不朽の国技にし、野球の権威およびその技術にたいする国民の信頼を確保する。
2　わが国におけるプロフェッショナル野球を飛躍的に発展させ、もって世界選手権を争う。
3　この組織に属する団体および個人の利益を保護助長する。
企業エゴのぶつけ合いのなかで競争、対立の渦巻く球界の実態から見て、この条文はいかにも絵空事でしかなかった。

とりわけ、野球を国技にする、というのは権威付けを狙ったにちがいないが、あまりに安直過ぎた。

少なくとも、「日本書紀」の記事に原典があるとされる相撲を「国技」とするのとはわけが違う。野球は明治以降にアメリカから輸入したものであり、ましてやプロ野球はアメリカ・大リーグを模倣してつくったものだ。

どだい、「国技」という表現には、国家主義的な思惑が込められている。野球を国技にするというのも、単に権威付けばかりでなくアメリカに追いつき追い越せ、という意味での国家主義の表象だったとも言える。

4　テレビ開局と巨人戦略

収入面から八球団では多すぎるという見方が多く出て、セ・リーグは、西日本が西鉄に吸収されて七球団、さらに大洋と松竹とが合併し、五三年には六球団体制になった。

一方のパ・リーグは、七球団でスタートした後一つ増え八球団になり、紆余曲折した末、五八年ようやく六球団体制になった。

正力は、五一年に公職追放を解除されるとテレビ局の開設という、まったく新しい大事業への挑戦を始めた。

そして、正力は、五三年八月二八日、日本テレビを開局した。

開局の記念式典で、正力は、こう挨拶した。「自分の念願はテレビの大衆化であり、そのため明るく楽しいプログラムを提供し、当面当社の負担で街頭に受像機を設置し、漸次家庭への普及をはかりたい」（『昭和二万日の全記録』講談社）

また、時の総理・吉田茂も来賓として出席し、祝辞を述べた。

「かつてマッカーサー元帥とも相談したが、テレビは機械が高すぎて日本の生活に合わないと考えていたから、正力から話しがあったときも、『これは正気の沙汰ではあるまい』と申したほどだが、（中略）ここまでもって来たのはひとえに正力君の努力というか野心というか」（朝日新聞、二八年八月二八日付）

正力の頭のなかには、当然、主要なプログラムの一つとしてプロ野球中継があり、開局の翌日、「スイートナイター」と銘打って、後楽園球場で行われた巨人対阪神三連戦を午後五時から中継した。

こうして、正力は、巨人戦の独占中継を日本テレビの目玉番組に仕上げた。それは同時に巨人人気を一気に拡大するための強力な武器ともなった。

五八年長嶋茂雄、五九年王貞治がそれぞれ巨人に入団し、いわゆる「ＯＮ」時代を迎えた。長嶋は入団翌年に本塁打王、打点王の打撃二冠と盗塁王にもなる大活躍だった。このシーズンの六月二五日、後楽園球場での巨人対阪神戦を天皇・皇后が観戦した。この試合で長嶋は同点で迎えた九回裏、「サヨナラ勝ち」の劇的な本塁打を放った。メディアは、こぞって長嶋を「国民的ヒーロー」と称賛するだけで、「天覧試合」の仕組まれた背景などについては伝えなかった。

天覧試合の裏に隠されていた企図として、天皇と結びつけることで野球協約に掲げた「国技」を裏付ける狙いがあったのではないか。また、五五年に衆議院議員に当選し、原子力委員会委員長、科学技術庁長官などを歴任してきた政治家としての立場、加えて難波事件で警視庁を辞職した経緯などから、正力は「天覧試合」を名誉を挽回し、さらに自分の存在感を顕示する絶好の機会と考えたのではなかろうか。

とにかく、この試合に掛ける正力の意欲のほどは、日本テレビの握っていた放送権をＮＨＫにも放映を解放するとともに、日本テレビの映像を他局にも提供したことによく表れた。

5　九連覇で巨人中心主義が確立

テレビ受像機が一〇〇〇万台まで普及し、さらにカラー化も進んだ六三年ごろのこと、小学生たちの間で人気のあるものの代表を「長嶋、大鵬、卵焼き」と表すことが流行った。それが大人の間でも広がり、長嶋ばかりでなく王の人気もあったので「巨人、大鵬、卵焼き」に変わって大流行した。

この現象は、戦前に新聞から始め、戦後テレビを加えた娯楽路線に巨人を乗せてきた正力の射程の長い戦略が大いなる成果を生みだしたことの証しだった。

球団間の関係は、相互依存ではなく、巨人人気に一方的に依存するかたちになり、当然の結果として「巨人中心主義」が球界に定着したのである。

揺るぎない人気を得た巨人は、六五年から七三年に亘って日本シリーズ九連覇を果たし球界盟主を自負するまでになった。

九連覇半ばの六九年に正力は亡くなった。読売新聞社長に就任してから亡くなるまでの四五年弱の間に正力は、多くのことをやり遂げたが、巨人によるプロ野球事業ほど一般大衆の心を掴んだものは他にない。

プロ野球に関して正力の思い残したことがあったとすれば、大リーグに追いつけなかったことだったかもしれない。

亡くなった翌年に起きた西鉄ライオンズの八百長事件をきっかけに拡がった黒い霧事件やその後巨人の引き起こした江川事件などの暗闇を見ずに済んだことは正力にとって幸せだったかもしれない。

ともかく、正力の死は、「巨人中心主義」の転機をもたらすことになった。正力の後継者として読売新聞社長に就任した務台光雄は、もともと販売一筋で実績を上げてきた人物であり、一〇〇〇万部達成を大々的に掲げて一段と凄まじい拡販競争を仕掛けた。それは、「利行は一方なり、あまねく自他を利するなり」という正力の経営哲学を放棄し、弱肉強食に基づく「強者の論理」に貫かれた経営へと転換したことを意味した。

読売新聞は、「巨人中心主義」を強者の論理として振り回し、後で触れるドラフト制度を破る江川事件などを起こすことになった。

6　パ・リーグに壊滅的打撃を与えた黒い霧事件

リーグを超えて球界全体を巨人人気が覆った。その現象がプロ野球の繁栄と映っても不思議ではなかった。

しかし、実態は違った。セ・リーグの明とパ・リーグの暗とがくっきりと分かれていた。一九七〇年、西鉄ライオンズの八百長事件が発覚した。福岡市の平和台球場を拠点にする西鉄ライオンズは、福岡というより九州のシンボルといってもいいほどの人気を得ていた。

それだけに、暴力団絡みの八百長事件は、想像を越える衝撃をもたらした。コミッショナーによって事件に関係した選手が永久追放とされ、球団は壊滅的な打撃を受けた。ファンは去り、球団は身売りせざるを得なくなった。

この八百長事件をきっかけとしたかのように、パ・リーグの他球団をはじめとしてセ・リーグの球団にまで「黒い霧事件」は拡大した。とはいえ、受けた傷はセ・リーグとは比べものにならないほどパ・リーグが大きかった。

ファンの信頼を失ったパ・リーグは目まぐるしく球団のオーナー企業が代わり混沌とした状態に陥った。

球団の売り買いを列挙してみる。

西鉄ライオンズは、七二年、太平洋クラブに身売りし、「太平洋クラブ・ライオンズ」に改称。七六年には、「クラウンライター・ライオンズ」に改称。七八年、西武に身売り、「西武ライオンズ」に改称。

そのほか、七三年、「東映フライヤーズ」は日拓ホームに身売り、「日拓ホーム・フライヤーズ」に改称。同年、日本ハムに身売り、「日本ハム・ファイターズ」に改称。

八八年、「南海ホークス」がダイエーに身売り、「福岡ダイエー・ホークス」に改称。

同年、「阪急ブレーブス」は、オリエント・リースに身売り、「オリックス・ブレーブス」(九〇年「オリックス・ブルーウェーブ」)に改称。

球団数は変わらないが、こうした有様でリーグとしてのまとまりなど望むべくもなかった。それればかりでなく、権威など吹っ飛んでしまい、球団はいとも簡単に売り買いされた。当然のようにファンは球団に愛想を尽かし離れていった。

お先真っ暗で存続さえ危うくなったパ・リーグは、生き残る道をセ・リーグと合体する一リーグ制に求めることになっていったのだ。

7 「強者の論理」で読売が起こした江川事件

一〇〇〇万部達成を掲げる読売新聞は、巨人を拡販の材料として徹底的に利用した。巨人戦の入場券は「プラチナペーパー」と言われ入手が難しかった。そこで、その入場券を材料に使い購読者を獲得するといったことが大がかりに行われた。

「プラチナペーパー」としての価値を保つために読売新聞首脳は、巨人に「常勝」を強いた。しかし、「常勝」を実現させるためには、それだけの戦力を常に確保していなければならない。そこでぶつかったのが、ドラフト制度（新人選手選択会議）という大きな壁だった。

ドラフト制度は選手契約の高騰を抑えることや戦力を均衡させることを目的として六〇年に採用された。

個別に自己利益を追求する各球団が唯一、球界としての共同性を認め合ってドラフト制度を実現したのだ。それだけに、この制度を守ることは球界存続の生命線とも言えた。

だが、読売新聞は、無謀にもこの生命線を崩す動きに出た。

七八年二月に参議院文教委員会で、ドラフト制度が議題として取り上げられた。審議の中心的な論点は、ドラフト制度が憲法で定められた「職業選択の自由」を侵害するかどうかということだった。この国会審議は、政界に影響力を持つ渡邉恒雄が仕組んだものと言われた。

ドラフト制度に問題あり、と議論を持ち出した議員は、渡邉と中学校の同期生であった。

その委員会には参考人として川上哲治（元巨人監督）が喚ばれ意見を述べた。

監督時代の巨人九連覇の成果を踏まえて、川上はドラフト制度に反対する意見を述べた。その要旨は、次のようなものだった。

「チーム力の均衡化は試合内容を乏しくし、ファンの失望を買い、プロ野球の衰退につながりかねない。また、安易にドラフトに依存することによって球団独自の選手育成が疎かになる危険性がある」

川上氏の意見が読売新聞の考えを代弁したものであるのは言うまでもない。これに対して、プロ野球組織側も三原脩・元ヤクルト監督を証人に立て反論した。

しかし、国会での議論は噛み合わず、結論が出されないままに終わった。

そこで、読売新聞は、とんでもない強硬手段に訴えた。

同年のドラフト会議前日の一一月二一日、巨人は江川卓投手と契約を発表したのだ。いわゆる「空白の一日」を突いた電撃作戦だった。

野球協約では、ドラフト会議の前々日で交渉権を喪失する、とあり、前日はどの球団も束縛権をもっていない、と巨人は主張した。

しかし、前々日で交渉権が切れる、と定めたのには、各球団の選択選手決定に時間を与えるという意味が込められており、決して「空白」ではない。

野球協約の条文を自分の都合で勝手に解釈する巨人のやりかたは、明らかなルール破りであった。

新聞社というパブリックな性格上、「ルール破り」を認めるわけにはいかなかったのであろう、読売新聞は、あくまで江川との契約を「職業選択の自由」の具現化、として押し通した。

しかし、そこまでの強硬手段に訴えた陰には、読売新聞の「強者の論理」、つまり、強者のやることはすべて正しい、という傲岸不遜さが隠されていた。

このルール破りに対して轟々たる批判が巻き起たのは言うまでもない。

朝日新聞が紙面を通して激しく攻撃したのをはじめ、読売批判が一気に拡がった。

「黒い霧事件」以来の重大事件にコミッショナーがどのような裁定を下すか注目された。また、コミッショナーに与えられた、「日本プロ野球組織を代表し、これを管理統制する」という職権の重大さが示される機会でもあった。

その一方で、金子鋭コミッショナー（富士銀行会長）は、財界人による巨人後援組織「無名会」の主要なメンバーの一人であり、裁決の公正さが疑問視されたのも事実だった。案の定、金子鋭コミッショナーは、「裁定」とはいえない妥協策で巨人の思惑どうりに江川の入団を実現させた。

その策とは、ドラフト会議で交渉権を得た阪神が江川を一端入団させ、すぐに巨人の小林繁投手と交換トレードする、というものだった。

金子は、巨人の「強者の論理」に屈して職権をねじ曲げて乱用し、コミッショナーの権威を失墜させた。

この江川事件の影響をもっとも受けたのはほかならぬ読売グループで読売新聞や報知新聞はかなり部数を減じ、日本テレビの巨人戦視聴率も下がった。それでも読売新聞は暴走し続けた。

九一年に読売新聞社社長に就任した渡邉は、九三年からドラフト制度を崩す「逆指名制」(自由獲得枠)の導入を強引に認めさせた。二名(高校生を除く)までドラフト会議前に選手契約ができるというこの制度が人気と豊富な資金力を誇る巨人に有利なのは言うまでもなかった。

しかし、たとえ二人に限るとしても、「逆指名」を認めるのは、ドラフト制度の本質をぶち壊すことであった。実際に、その弊害が高額な裏金による工作の横行や有力選手の巨人集中などのかたちで現出した。

暴走の影響で巨人人気に陰りが見えても読売新聞首脳は、「巨人が強ければファンはついてくる」と強気な姿勢を取り続けた。

8　巨人改革を頓挫させた渡邉

九五年ごろのことだった。日本テレビの意表を突くキャッチコピーが話題となった。それは、「今年、私は、巨人を棄てます。——長嶋茂雄」と謳い、「サビついた栄光に、カビのはえた伝統に、しがみつくのはもうヤメです。」といった言葉を盛り込んでいた。

残念ながら、このコピーは、渡邉の強い反対で日の目を見ないままお蔵入りとなった。

当時、東京新聞夕刊に連載していた「スポーツウォッチング」欄に、そのキャッチコピーについて私はこう記した。

さわりの部分を取り出してみる。

〈……〝改革〟をいくら叫んでも、球界関係者の意識自体が改革されなければ、なにも変わりはしない。各球団ともファンサービスをあれこれ考えているようだが、そのような小手先だけのサービスでファンを呼び戻せるものではなかろう。その点で、広告コピーではあっても「巨人を棄てます。……」というのは、意識改革を促す刺激剤的な要素があった。しかし、渡邉恒雄読売新聞社長の鶴の一声で「使用禁止」とされてしまった。

巨人軍激励会の席上、渡邉社長は、「巨人軍を創立した正力松太郎、巨人を育てた務台光雄、伝統を築いてきた多くの監督、コーチ、選手、そしてファンへの冒涜《ぼうとく》となる」とコピーを厳しく批判したという。

渡邉社長や巨人OBたちが伝統に寄りかかるだけで、巨人はもとより球界発展のためになんらの改革をもしていないことへの自己批判が完全に欠落している。そのことこそが、もっともファンを冒涜するものだったのではないか。……〉

これまでの巨人を棄て、サビついた栄光やカビのはえた伝統にしがみつくことをやめ、新たな道を切り開こう――それは、単にキャッチコピーの表現というだけではなかった。一三年ぶりに監督復帰を果たした長嶋が本気で考えていたことなのだ。

そして、実際に長嶋は、アメリカでスポーツマネジメントの理念はもとより実践的なノウハウいたるまで習得し、日本の大企業の競技部で成果を積み上げていた河田弘道をゼネラルマネジャー的存在として招き入れ、フロントから現場にいたるまでの改革に取り組んだ。

生え抜きという名の巨人人脈に繋がる幹部たちが各自の保身に固執して球団を動かしてきた。長嶋と河田は、この人脈を断ち切り、ビジョンを持って球団を運営するフロントの構築をはじめとして選手のコンディショニング、メンテナンスを万全にするためにＰＮＦ（理学療法）の権威、市川繁之を招くなど思い切った改革に着手した。

巨人帝国崩壊の最高責任者、渡邉恒雄・巨人会長（前オーナー、読売新聞本社グループ会長）

五年を一つの目途とする改革の取り組みが始まるや脇に追いやられた古き人脈の人間たちは束となって長嶋、河田体制の転覆を画策しだした。
もっとも効果的な策は、長嶋・河田体制についての事実とは異なるねじ曲げたり偽造したりした情報を渡邉に伝えることだった。

渡邉は、偽造情報であることを見抜けず、まんまと画策に乗せられた。

九七年のシーズンオフに渡邉は河田を解任し、長嶋には、「なにもしなくていい。堀内が現場の指揮をとるから」と告げた。

九八年のシーズン、監督とは名ばかりで長嶋は棚上げされ、堀内恒夫投手コーチがヘッドコーチに昇格し現場の指揮を取る体制になった。

渡邉の重大な判断の誤りによって、巨人改革は中途で頓挫してしまった。

当時、耳にした読売グループ関係者の言葉が印象に残った。

「正力さんや務台さんは巨人に愛情を持っていた。ナベツネさんにはそれがない。そこに最大の問題があるんじゃないか」

9　プロ野球市場に食い込んだ大リーグ

九四年のシーズンオフに野茂英雄は近鉄を任意引退し、大リーグ・ドジャースに入団した。また、翌年、オリックス・ブルーウェーブのイチローは大リーグ・マリナーズ入りした。プロ野球を代表する投手と打者の大リーグ入りは、球界に衝撃を与えた。

両選手について東京新聞の連載に記したものを再び引用する。

〈アメリカの偉大なジャーナリストでピューリッツァー賞も受賞している故ハリソン・E・ソー

ルズベリーは、多くの世界的なヒーローとのインタビューを通してそれらに共通する要素をこう述べている。

「……勇気ばかりでなく、それぞれの抱いている確固たる信念でもあった。彼らはけっして諦めない。余人には想像もつかぬ課題、仮に想像がついたとしても実現不能と思うような課題に取り組む。そして、揺るぎのない決意と不屈の精神、構想力で目標を達成する。失敗の可能性など、はなから頭にない人々だ。それが多くの場合、成功の秘訣でもある。……」(『ヒーローの輝く瞬間』NHK出版)

九五年の一年間、日本のスポーツ界の話題を独占した野茂英雄、イチロー両選手は、ソールズベリーの指摘するヒーローの要素を多分に持っているように思われる。長い歴史のうえに築かれた大リーグのベースボール文化を背景に思いっきり投げまくった野茂投手、日本のプロ野球が失っていたスピードを攻・走・守にわたって見せつけたイチロー、この二選手の活躍は、これまでのプロ野球に革新をもたらすだけの影響力を持ったと言えよう。……〉

野茂やイチローの活躍ぶりがNHKの衛星放送の中継をはじめ民放も含めてニュース番組にも取り上げられ、従来遠い存在だった大リーグは一気に身近になった。

ただ、私の思っていたようには二人の活躍がプロ野球に革新をもたらしたとは言えなかった。もっとも影響を受けたのは選手だった。選手たちのなかに、大リーグは本場のものであり、挑戦してみたい、という意識が急速に拡がった。

その意識のなかには、大リーグを目指した野茂やイチローがプロ野球に閉塞感を抱き、その世界から解放されたい、と思ったのと同じものがあるのではなかろうか。

いずれにしても、大リーグが身近に感じられるようになったことで、それまで日本のプロスポーツで絶対的な存在とされてきたプロ野球の価値が相対化されたと言える。

別の言い方をすれば、大リーグの本物と日本のプロ野球のニセ物とが鮮明になったということだ。

そのことがもたらした影響は、計り知れないほど大きかった。本物の大リーグがニセ物のプロ野球市場に食い込み、ファンを奪い市場を縮小させたのだ。

野茂、イチローに加えて、二〇〇二年のシーズンオフに最大のスター選手、松井秀喜がFA（フリーエージェント）を宣言し、大リーグ・ヤンキースに入団した。

巨人ばかりでなく、球界にとっての最後に残った「宝」と評された松井に去られてしまったのだから受けた打撃がどれほど大きかったかは想像に難くない。

カネやら長嶋を使っての説得やら、あの手この手を使った挙げ句に渡邉の慰留は失敗した。その原因は、巨人について、日本の球界について、松井がどう考えていたのか、この肝心なところを渡邉がまったく理解していなかったことによる。

少なくとも、松井は大リーグが野球選手としての生涯を生きる場所だと確信したに違いない。どのように慰留されようとも受け入れる余地はまったくなかったのだ。

松井の大リーグ入りで、メディアは松井情報を洪水のように流し出した。それを浴びせられたファンが大リーグに吸い込まれたのは当然だった。

渡邉は、なんとか松井人気を巨人に繋げようと考えたのだろう、ヤンキースと業務提携の契約を結んだ。松井が去ってしまえば、すべて後の祭りであり、その契約は渡邉の最後のあがきとしか映らなかった。

10 グローバリゼーションとニセ物

大リーグを模倣して始まり、七〇年を経たプロ野球の歴史を考えるとき、次ぎの指摘は大いに参考になる。

〈……他者そのものになり変わることができない限り、模倣は必ず、最終的には「補修」を含む。それを加工技術と呼ぼうと発明と呼ぼうと私には興味はない。大事なことは、要するに、模倣は必ず最後には自己流のニセ物となる、ということである。それは当然独自の要素を含む。それ故、模倣は「独立自尊」や「独自性」の主張と両立しうる。……〉（藤田省三著『全体主義の時代経験』みすず書房）

これまでに記したように、大リーグを模倣しながらもそれに追いつき追い越せという、独立自尊の発想、メディアに乗せてプロ野球を発展させるという独自性が正力には確かにあった。

また、多くの監督、コーチ、選手によって織りなされてきたプロ野球の歴史を細かく見ていけば、ゲームに結晶した日本的に加工された繊細な技術などの独自性を発見できるのも事実だ。

しかし、「黒い霧事件」や「江川事件」などで球界は権威、信頼ばかりでなく、そうした独立自尊や独自性まで失い、その結果、独立自尊や独自性の要素を含まない、単なる「ニセ物」になったしまったのではないか。

先にも記したように、メディアの急速な技術革新によるグローバリゼーションが否応なく大リーグとの比較を強い、そのようなニセ物としてのプロ野球を浮き彫りにした。

巨人戦の視聴率下落の現象も、いろいろな要因はあるにしても肝心な点は、ファンがニセ物の娯楽価値を受け入れなくなったことの表れということではなかろうか。

11　巨人至上主義の悪あがき

ニセ物の限界を渡邉をはじめ読売グループの首脳陣は認識していなかった。彼らの頭にあったのは、「巨人が強ければファンは必ずついてくる」ということだけだった。

それとともに、巨人の成り行きが直接的に新聞部数やテレビ視聴率に影響を与えることから、なにがなんでも勝たねばならない、としか考えなかった。要するに、メディア企業であることに呪縛されているという自覚が渡邉らには欠落していた。

渡邉は、見境の無い札束攻勢でFA（フリーエージェント制度）資格を得た有力選手を次々にスカウトし、「二チーム分」といわれるほどの圧倒的な戦力を確保した。たしかに、清原に加えて小久保、ローズ、江藤など「大砲」（長距離打者）がずらりと揃った。しかし、それはむしろチーム戦力の有機性、総合性を削ぎ、その結果、「大砲」の一発にしか期待できないような味も素っ気もないゲームしかできなくなってしまった。

いずれにしても、巨人至上主義の渡邉の強引なやり方は、自らの首を絞めることになったばかりか、他球団との関係でも戦力均衡を崩し、契約金を高騰させ、裏金取引を横行させる、など混乱と荒廃をもたらした。

別の言い方をすれば、渡邉のやったことは、正力のつくりあげた巨人中心主義がすでに崩れ去った後の悪あがきでしかなかったということだ。

〇四年、オリックスと近鉄球団の合併から始まった球界再編問題について渡邉は、かつてないほど積極的に関わった。その理由は、これまで胡座《あぐら》をかいてきた巨人人気の下落に危機感を持ったということだろう。

宮内らとの話し合いで渡邉がパ・リーグの長年の念願であった一リーグ制再編を自ら主導して実現させようと考えていた。

自分の握ったヘゲモニーの障碍になるものは排除する、という渡邉の強圧的姿勢が古田敦也・選手会会長に対する、「たかが選手の分際で……」という暴言となって表された。

この暴言によって選手会は結束を固め、ストライキ実行の意思を強めたと言って過言ではなかった。

それればかりではなく、暴言を吐いた渡邉に対する批判の嵐は、読売新聞不買の動きまで巻き起こした。

〇四年のドラフトで目玉になると言われていた明治大学の一場靖弘投手に対する巨人の裏金工作（二〇〇万円）が発覚し、渡邉は「道義上の責任を取る」ということでオーナーを辞任した。渡邉らしからぬ、あっさりとした辞め方に、「自らの暴言によって新聞不買の拡大をもたらした世間の批判をかわさざるを得なかったのではないか」、との見方もされた。

球界再編の重大な時期にオーナー辞任ということで渡邉のなかに忸怩《じくじ》たるものがあったのは想像に難くない。

辞任からわずか一〇ヶ月後、渡邉は巨人の会長として復帰した。

「道義上の責任はどうした！」という批判に対して、「オーナーではなく会長だから問題ない」という小賢しい理屈を付ける渡邉だが、本心は「滝鼻オーナーには任せておけない」ということにあるのではなかろうか。

渡邉は、歴史的な危機に直面した巨人の再生を目指して体制を強化することや球界改革にも取り組む意向を明らかにした。

しかし、具体的にどのようなビジョンやプランを持っているのか、渡邉は明らかにしていない。

完全に破綻した現実を前にして渡邉は、何を考え、どのように動くべきか、答えを出さなければならない厳しい立場に立たされている。

12　自由競争か共存共栄か

○五年五月初旬、ＮＨＫは、「ＮＨＫスペシャル」でプロ野球問題を取り上げ、「待ったなしプロ野球改革」というタイトルの番組を放映した。議論に参加したのは、滝鼻、宮内、孫の三オーナー。

肝心な点をまとめると、まず、共通認識として、もはや親企業の広告宣伝費で球団の赤字を埋める時代ではなく、球団単体としてビジネスに成功しなければならない、ということ。

また、ドラフト制度なども関連して、完全自由競争を主張する孫に対して宮内は、「自由競争では球界が崩壊する」として共存共栄を考えるべきだ、と真っ向から反対した。

宮内と孫との対立は、経営思想の違いが根本にあり、両者間の溝を埋めるのは容易ではなさそうだ。

ただ、共通して球団経営をいかに成り立たせるか、ということを最優先課題にし、ニセ物のプレーやゲームの質という本質的問題はまったく無視されてしまった。

先述したように、グローバリゼーションの影響によって、見せ物としての娯楽価値が相対化され下落してきたプロ野球を再生させるのは至難だ。

少なくとも、ニセ物に新たな独自性を加えられなければ再生はできないだろう。

プロ野球に限らず、他の競技でも国内でのトップリーグは軒並み人気が底を打っている。ところが、そうした競技でも日の丸を背負った「日本代表チーム」の試合となると、人気が急上昇する。要するに、日の丸による国威発揚に動員される意識が広く浸透しているのだ。

孫は、世界一のチームづくりを球団のスローガンに掲げるとともに「世界一決定戦」を提唱している。

つまり、世界に通用するようなチームを作らなければファンを沸き立たせることはできない、と考えている。

莫大な資金力をバックにした多国籍企業のプロスポーツ支配や選手の多国籍化に表象されるグローバリゼーションの世界的拡大によって、各国のリーグがそれに飲み込まれていく、というのが最近の顕著な傾向だ。

プロ野球を支えてきた「巨人ブランド」は価値を失った。それは巨人帝国の崩壊を意味している。メディアグループを統率する渡邉恒雄は、メディアを権力化し、強引なまでに巨人帝国のプロ野球支配を断行してきた。

しかし、渡邉は、その権力に取り憑かれてしまい、「巨人帝国の支配は不変である」という過信や錯覚に陥ったばかりか、巨人帝国の活躍は国益に繋がる（巨人の優勝は、日本経済を活性化させる、など）という誇大妄想まで抱くに至った。

有り余る戦力を揃えて望んだ〇五年シーズンで最下位争いという不様さを曝したり、ファン離れが激増することなど渡邉は想像だにしていなかったであろう。

渡邉の周章狼狽ぶりは、来シーズンの監督に星野仙一・阪神ＳＤ（シニア・ディレクター）を招聘しようとしたことによく表れている。結局、渡邉は巨人帝国のトップに立つものとしてのプライドを放棄し、恥も外聞もなく知名度や人気のある星野氏に頼り、しかも断られるという不様さを曝した。

渡邉はメディアの権力を握ってはいるが、それだけで民衆の支持を失って崩壊した巨人帝国を再構築することは不可能だ。

巨人帝国の崩壊でプロ野球は、根本からの転換を迫られている。国際的に通用する新たな「ブランド」を作らない限り、プロ野球は、先細っていくしかないのではあるまいか。

いっそのこと、大リーグの傘下に加わった方がプレーやゲームの質を高められ、娯楽的価値も上がる、という見方は、決して的はずれではない。

大リーグは、積極的に市場拡大に乗りだし、公式戦の他国開催をはじめ〇六年三月には、国別対抗の「ワールド・ベースボール・クラシック」開催を決定した。プロ野球は、そうした大リーグが主導する戦略に追従を余儀なくされている。

第二部　スポーツに賭けた堤義明の野望と挫折

はじめに

二〇〇五年三月三日の堤義明・前コクド会長逮捕、という現実を前にして、西武グループの総師として権力をほしいいままにしていただけに、その転落ぶりにはあっけなさと惨めさを、強く感じた。

西武グループのなかでの堤の存在について、ある幹部は、「天皇以上の存在」と表現していたが、そのように神格化された総師が、まさか有価証券報告書の虚偽記載という、だましの手口の犯罪で逮捕される身に転落するとは、誰も露ほども思わなかったに違いない。

それにしても、専制君主から犯罪者への落差の大きい堤の転落劇をどう読み解くべきなのだろうか。その鍵は、堤と父・康次郎との関係に隠されているのではなかろうか。

康次郎が後継者に堤を選び、「帝王学」を教えたというのは、よく知られている。その康次郎が六四年に死去し、一年後に堤は、三一歳の若さでコクド社長に就任した。それ以後、堤は、良くも悪くも康次郎の教えを守るとともに、康次郎の威光を最大限に利用し権力を握り続けてきたと言える。

そのことを象徴するのは、毎年恒例となっている元旦の儀式である。

グループのすべての社員にとって、崇めるべき聖域とされているのは、鎌倉霊園（神奈川県）

にある康次郎の墓所である。社員の中から選ばれたものが、この聖域を日常的に清める墓守役まで果たしている。

そして、元旦には、一〇〇人以上の選ばれた幹部らが全国各地からここに馳せ参じる。その社員を前にして堤が訓辞を垂れる。要するに、その年の施政方針演説を行うのだ。

この儀式は、企業の行事としていかにも時代錯誤的な異様さを感じさせるが、一面で堤の威厳を際立たせるとともにグループの一体意識を高揚させるなどの効果を狙って見事に演出されたものともいえる。

ともかく、堤はこの儀式を通して康次郎の威光を笠に着てグループ総帥として絶対的な権力を誇示してきたのである。

しかし、グループ企業の相次ぐ不祥事発覚や「堤逮捕近し」との噂が流れるなどしたことからであろうが、二〇〇五年元旦の儀式は中止された。

結局、康次郎の帝王学や威光がかえって仇となり堤は自ら首を絞めることになってしまったと言えなくもない。

堤は、すべての責任は自分にある、と一身に罪を背負う潔さを示した。しかし、だからといって堤が自ら影響力を完全に放棄したわけではない。少なくとも、コクドの筆頭株主である間は、堤のグループに対する影響力は残るであろう。

一方、すべての要職を辞任したとはいえ、スポーツ界でも堤の影響力が排除されたとは言い難い。

「堤さんは、スポーツ界に貢献してくれた」という評価が根強くあり、たとえ、組織の要職に就かないとしても、堤に対する依存体質は変わらず、影響を引きずる可能性は大いにあり得る。

逮捕という現実を重大な区切りとして、三〇数年に及ぶスポーツ界との関わりのなかで堤がどのような影響を与え、何を遺したのかを徹底的に検証する必要がある。

それなくして、堤の影響力を完全に断ち切ることもできないし、将来に繋がる取り組み課題も見出せないであろう。

スポーツ界と関わってきた堤の足跡を表象するものとして、次のような要職の履歴があげられるだろう。

七三年　日本アイスホッケー連盟会長就任
七七年　日本体育協会理事就任七八年　西武ライオンズオーナー
八三年　日本体育協会副会長
八六年　全日本スキー連盟会長就任
八九年　ＪＯＣ会長就任
九〇年　ＪＯＣ会長辞任、日本体育協会理事
九二年　アルベールビル冬季五輪選手団長
九七年　ＪＯＣ名誉会長

○○年　ＪＯＣ栄誉委員就任
○三年　日本アイスホッケー連盟名誉会長
○四年　西武ライオンズオーナー、ＪＯＣ名誉会長、日本アイスホッケー連盟名誉会長、全日本スキー連盟会長、日本体育協会理事、以上のすべてを辞任、○五年ＩＯＣ栄誉委員の資格停止。その後、辞任。

およそ二五年間にわたってスポーツ界との関わりから堤を取材対象としてきたとはいえ、その軌跡の全体を追うことは、もちろん筆者の力にあまることであった。

したがって、この履歴の背後に隠された堤の野望をできるかぎり引き出して検証を加えることにする。

1　野球に抱いた野望

野球への進出

先述したように元旦の儀式で堤は、自らの威厳を誇示しながら、グループ全体が一体となって取り組むべき課題を提示する。

その意味で画期と言えるのは、七八年元旦だった。堤は、施政方針演説で新たな事業として野球への進出を打ち出したのだ。

スポーツに関して堤の関心はアイスホッケーなどウインタースポーツにある、と言われていた。それだけに、堤の野球への進出は意外なことと受け止められると共に、新しい勢力の参入ということで野球界の注目を集めた。当初、野球に関して堤が企図したのは、第一に球場建設、それと社会人野球チーム結成であった。

西武園などと関連させた総合的なレジャー地域造りと位置付けて球場を建設するというのが堤の構想だった。

当時、所沢の二五キロ圏内の人口は一〇〇〇万人、うち西武沿線の住民二〇〇万人。沿線住民の多くがホワトカラーで家計に占めるレジャー支出の割合が大きい。これらの地域環境を最大限、レジャー事業に生かすのが堤の狙いであった。

一方、社会人野球チーム結成については、社会人野球の連盟関係者から次のようにアドバイスされたのがきっかけだと言われた。

「近い将来、野球がオリンピックの正式競技に加えられるのは間違いない。そうなった場合には社会人野球チームから代表が選ばれる。それを目標にチームを作る意味はある」

堤は、単なる企業スポーツとしての関心ではなく、オリンピック出場という野望を抱いたからこそ野球チーム作りを決めたと言えよう。こうして、結成されたのが「プリンスホテル」チームであった。

ところが、その後、プロ野球・クラウンライター・ライオンズ（パ・リーグ）のオーナーから「球団を買い取ってほしい」との要請が堤のところに持ち込まれた。当時堤は、横浜球場とともに大洋ホエールズ（セ・リーグ）の株主でもあり、野球協約上、同時に二球団の株主であることは禁止されているため、結局大洋ホエールズの株を売却し、クラウンライターライオンズを破格の安さ（推定一一億円）で買収した。

こうして七八年一〇月、新生「西武ライオンズ」がスタートし、七九年シリーズからペナントレースに参戦することになったのである。

プロ野球界への参入で、プリンスホテル・チームの存在は陰に隠れる感じになった。ただ、プロ野球界内には、プリンスホテルと西武ライオンズとの間にトンネルが作られ、有力選手の獲得に利用されるのではないか、と疑念の声が上がった。

実際にプリンスホテルが六大学を中心に大学出身の有力選手を根こそぎ獲得したことでプロ野球界は衝撃を受けており、そうした声の出るのも当然だった。

八百長事件をはじめ黒い霧の拡大やにわか成金などが安直に球団を買収し、すぐに身売りしたりしてパ・リーグの権威や信頼は失われてきていた。それだけに西武グループをバックにした堤の参入は、その権威や信頼回復への期待から歓迎された。ただ、一面では、その計り知れないパワーから堤に対して脅威や警戒感を抱く球界関係者もいた。

江川獲得競争

西武ライオンズは、スタートした初っ端に巨人を相手に江川卓投手の争奪戦を繰り広げた。堤は江川獲得を至上命令として下し、グループあげての総力戦を挑んだ。

そのすさまじいまでの実態について、藤崎美彦氏（ペンネーム、当時スポーツ新聞の一線ライター）は、著書『ライオンズ・パワーの秘密』（合同出版）のなかで、次のように記している。少し長くなるが重要なので引用させてもらう。

〈堤義明の号令一下、企業グループあげての大攻勢に、江川サイドもたじたじだった。『西武軍団』と呼ぶにふさわしい動きであった。

まず、西武に関するありとあらゆる会社が蓮実（筆者注・江川選手の代理人）のところへ殺到した。運送会社、肉屋、クリーニング屋、不動産屋、自動車会社、ビール会社、電気会社……。

『ウチは西武さんと取り引きがある。何とか江川投手をライオンズへ』

『西武の方が巨人より恵まれているんだから。条件的に段違いじゃないですか』

声をかけてくるのは西武出入りの業者だけではなかった。

四、五十人の財界有力者から、直接、船田議員（筆者注・江川選手の後見人）のところへ『江川を何とか』の依頼があったし、金融機関を通じてのプッシュもあった。

なぜ、これほどまでに西武は強引で、執拗な態度をとったのだろうか。江川はたしかに欲しい人間だった。

しかし、堤義明は、西武という一つのサラリーマン社会のエネルギーを高めるために、江川に集中攻撃をかけたのである。ダメとわかるまで、トコトンがんばり抜くことが社全体を盛り上げる。一つの目標に向かって、みんながそれぞれの持ち場で全力投球する。智恵も、コネも、すべてのものを総動員させることが、次への発展につながると読んでいたのである。〉

この一ヶ月を超える総力を挙げての江川争奪戦で西武は敗北した。

ドラフト制度を破った巨人が江川との契約を発表したのだ。この巨人の暴挙は、球界を根底から揺るがしたばかりでなく、社会的事件にまでエスカレートした。

巨人の暴挙は、「球界の盟主」を自負し、「常勝」をスローガンにしてきたにもかかわらず、連続して優勝を逸し実績が伴わなくなったことへの焦りを象徴したものだった。

それにしても、巨人を向こうに回して堤が発揮した経済力、政治力を合わせた巨大なパワーは、敗れてもなお球界に強烈な印象を与えた。

野球ビジネス

堤は、当初からの球場経営構想に基づいて、従来のものとは異なる「斬新な球場づくり」を目指した。

大リーグの球場を参考にしたといわれた新球場は、たしかに、従来のものに比べて斬新さを感じさせた。従来のように地上に建てられたスタンドの外形はまったくなく、グランドが掘って作られていて、スタンドは地下に降りるようなかたちになっている。また、堤は観客席の幅から階段の段落差にいたるまで細かく指示したり、バックネット裏の最上部に飲食しながら観戦できるスペシャルルームを作り、一般観戦者との差別化も狙ったり、とにかく自分の思い通りに作らせた。

それとともに、球団を所有したことで、堤は本球場以外にもサブ球場を作ったほか、それらの球場に隣接してホテル並の選手用合宿所も建てた。これほど充実した設備を持つ球団はもちろん皆無だった。

球団がスタートして二年後、記者会見で堤は、こう発言している。

「球場は、第三球場まで全部ライオンズに優先使用権を与えます。現在建設中のインドア・テニスコートも、自主トレなどの時、ブルペンとして使えるように設計しています。また、ポートピア（神戸）で威力を発揮した新交通システム（ニュートラム）を西武園駅ホームから西武球場前駅まで走らせる計画で、近く運輸省に認可を申請します。これまで池袋線利用者は便利だったが、新宿線からは不便だった。そこで現行の〝おとぎ電車〟を新交通システムに切り替え、新宿から西武球場前まで乗り入れる。これで立川方面からの客足はまかなえるでしょう」

球場を初め路線の延長など、その費用総額は、当時で一五〇〇億円以上と言われた。

また、集客やファンづくりを含めたマーケティングも徹底したものだった。

〈……大デモンストレーションの最たるものは、ライオンズのペット・マーク『レオ』を単なる球団のマークにとどめず、キャラクター商品としてフルに活用したこと。発売二年目にしてカフス・ボタンからワンカップ・ライオンズ（清酒）までレオ商品は三百品目余に達し、十億円以上の収益が毎年あるというから商売上手である。

こうやって女性や子供の購買意欲をそそる一方、消費者の組織化も大変なものだ。ライオンズ友の会（中学生以下）、同後援会（高校生以上）の結成がそれだが、他球団が人集めに四苦八苦しているのに比べるとこれまた立派。『一年半まで友の会会員八万人、後援会員十二万人を集めたし、年々会員は急増の一途』（西武球団）というから客集めにはよほど自信があるらしい。〉（『ライオンズ・パワーの秘密』より引用）

どれほど経済力や政治力をもってしても、読売新聞、日本テレビという大メディアをバックにしているという点では巨人に及ばない、と堤は実感していたに違いない。

メディア戦略として、堤は地元の「テレビ埼玉」に、スポンサーとして資金を出し西武球場での西武戦全試合完全中継を実現させた。

また、同様にラジオでは文化放送がライオンズ色の濃いナイター中継（月～金曜日）を行った。

大リーグ方式によるチームづくり

いうまでもなく、球団にとって最優先課題は、優勝を争えるようなチームを作ることである。堤は、その課題に取り組む方法として、大胆にも大リーグを模倣したフロントによるチーム編成方式を導入した。

それまでどの球団でもフロント幹部はプロ野球に無知な親企業の出向者で占められていた。その結果、フロントはチーム編成を監督に任せるとともに、チーム成績が悪ければその責任も監督に背負わせた。

堤は、チーム編成についての全権を根本陸夫に与えた。根本は広島などで監督を経験し、西武で三年監督を務めた後、フロントに入り管理部長となった。こうして、監督の人事から選手のスカウティングにいたるまですべてを取り仕切る根本体制が築かれたのだ。

つまり、大リーグ球団でチーム編成の最高責任者とされるゼネラルマネジャーに相当する役割を根本が果たすことになったわけである。

根本は、様々な面でその慧眼を見せつけた。なかでも特筆すべきは、監督人事の見事さであった。七八年ヤクルトをリーグ優勝、日本シリーズ制覇に導いた広岡達朗を八二年シーズンから監督に招聘した。広岡は、理論と実践両面で抜きん出た指導能力を有していた。

また、四年間監督を務めた広岡の後任に森祇晶を就かせたのも根本の鋭い眼力によるものだった。この両監督によって、一気に西武の黄金期が作りだされたのだ。

もちろん、戦力確保の面でも根本は、これぞと狙いを定めた選手について青天井といわれた資金を投入したばかりでなく、選手の親に対しても事業への資金援助や就職斡旋など、まさにあの手この手を駆使して獲得した。自らが乗り出していくのはもちろんのことスカウト担当者にも権限を与えて徹底的なスカウティングをやらせた。

〈……それにしても、西武のスカウティングは他球団の大きな脅威となっているのはたしか。『西武のスカウトが歩いたあとはペンペン草も生えない』という声もあるほどで、太平洋クラブ、クラウンライターの時代とはやはり雲泥の差である。

『ドラフト外なら西武に勝てっこない』と巨人のスカウトも言うが、そのとおりで、巨人入りがほぼ確定していた松沼兄弟（筆者注、兄・博久――東京ガス、弟・雅之――東洋大、両者とも投手）を毒島スカウトが日参してものにした話はあまりに有名で、堤オーナーも『毒島スカウトは軍隊なら金し勲章ものだ』と喜んだ。〉（『ライオンズ・パワーの秘密』）

充実した戦力を得て広岡、森両監督は、指揮官としての優れた能力を存分に発揮し、輝かしい成績を積み上げていった。

広岡監督（八二年―八五年）日本一・二回、リーグ優勝一回、森祇晶監督（八六年―九四年）日本一・六回、リーグ優勝二回。

西武は、押しも押されもしない球界実力ナンバー1のチームにのし上がったのだ。

巨人に代わって堤の西武が球界盟主を射程に入れた、と言われたのも当然であった。

問題発言でイメージダウン

西武ライオンズの強さは、容易に揺らぐようなものではなく盤石といってよかった。むしろ、その盤石のゆえに、「強すぎて面白くない」との妬みさえ産んだ。

堤は、チームの輝かしい実績に満足していたに違いないのだが、オーナーとして公の場で自分の抱いた満足感なり思いを率直に語ることは少なかった。

ただ、恒例としてペナント終了後、堤は監督との会談をテレビ中継させた。それは、堤の意向に基づいてすべてセットされたものだった。

この会談での堤発言をきっかけに世間から轟々たる非難を浴びる事態が起きた。

八九年一〇月一九日にテレビ中継された会談の際、堤は、開口一番、こう発言した。

「根本から話は聞きました。まあ監督がやりたいんならどうぞ、また頑張って下さい。球団としてもバックすればいい。結局三位だったのかな。勝負の世界、勝つことも負けることもある。今シーズンは負けた試合ばかり見た気がするよ」

皮肉を含んだような全体の口調に対する不快感もあったろうが、なにより、「まあ監督がやりたいんならどうぞ」という発言に「傲岸不遜だ」と、批判が噴出した。

週刊誌も、堤発言を特集記事で取り上げ、批判の拡大に一役買った。

堤にしてみれば、そうした言葉遣いはごく当たり前のことであったのだろう。自分は命令を下す立場にあり、他はそれに服従する、という権力構造のなかに生きる堤は、他者に配慮した物言いを知らないのだ。

いずれにしても、その物言いが堤という人間の資質をさらけ出したと言えよう。

コクドの広報担当者などは、世間の批判によって堤のイメージが悪化したことに衝撃を受け、なんとかしてイメージアップを図ろうと必死だった。

それには、重要な理由があった。この問題発言のおよそ二ヶ月前に堤は、ＪＯＣ会長に就任したばかりだった。このポストに就くことは、堤の野望の到達点であり、これを脅かすようなことは絶対に避けねばならない、という緊張感が取り巻きの間にあった。

とはいえ、一度落ちたイメージを回復するというのは容易なことではなく、この問題発言の陰は長く尾を引くことになった。

不可解な監督交代

堤発言で起きた世間の騒ぎに森は一切動じることはなかった。九〇年から日本シリーズを三連覇、九三、九四年リーグ優勝と文句の付けようのない実績をあげた。

ところが、九四年のシーズン終了後に森は辞任に追い込まれた。

グループ企業から出向の球団社長の交代、根本の辞任（九三年新生ダイエーの監督就任）などが重なり球団内のコミュニケーションに亀裂が入った。そうしたなかで森に対して妬みを抱くグループ幹部、とくに堤の懐刀と言われた山口弘毅（プリンスホテル社長）らの思惑によって辞任への道筋がつけられた。

その経緯の詳細について知らされていなかったようだが、堤自身も「若い世代で西武生え抜きの監督」への交代を考えていた。そして、石毛宏典を第一候補として、堤自ら監督に就任するよう要請した。しかし、石毛が固辞したために後任問題は暗礁に乗り上げ、紆余曲折を経て最終的に選ばれたのは東尾修だった。

この人選に納得できたものは、西武担当記者のなかでさえ一人もいなかったのではなかろうか。オーナーになって以来、クリーンさを球団のモットーとして徹底させてきてた堤がよりによって選手時代に賭博で逮捕されダーティーなイメージを背負う東尾を選ぶことは考えられないことだった。この人選の真相は後にいたるまで明らかにされることなかった。

ただ、真相はどうあれ、そこに堤の投げ遣りな気持ちのあったのは間違いないのではあるまいか。

その後に、堤はこう発言している。

「球場経営にはビジネスとして興味はあるが球団経営に興味はない」

堤としては、それが野球事業への進出を考えたときの原点だ、と言いたいのかもしれなかった。しかし、果たしてそれだけであろうか。

自らの発言が原因にしても世間の批判を浴びたことでオーナーであることに嫌気がさしたとも考えられる。しかし、それより、実力では球界トップになったにもかかわらず、人気はそれに相応せず伸び悩み、球団経営もグループの支援を受けなければならないほど苦しい、という実態に直面して意欲を失った、と見る方が当たっていたかもしれない。

観客動員数は最高で年間一九八万人を記録した年もあるが、概ね一六〇万人ぐらいで推移してきた。しかも、その数字は、正確に入場料を払った観客数を示しているとは言えず、グループ企業から動員された社員も相当数含んでいると見られた。

当然とも言えることだが、地域住民の広範な支持を得るのはそう簡単なことではない。ましてや、チームが地域のシンボル的な存在として定着するには、長い年月と不断の努力を要する。そうした点から見て堤は、球団経営にある程度の見切りを付けたのかもしれない。

球界再編での失態

八八年にダイエーは、南海ホークスを買収して「福岡ダイエーホークス」を、オリックスは阪急ブレーブスを買収して「オリックス・ブレーブス」(八九年からオリックス・ブルーウェーブ)を、それぞれ立ち上げた。

球団の親企業が代わることで人気低迷のパ・リーグに新たな活力を生み出すのではないかと期待された。しかし、事態は容易に変化するほど甘くはなく深刻だった。

それゆえ、九〇年代に入って、パ・リーグは、「生き残る道はセ・リーグと合体するしかない」との認識で一致した。そこで、セ・リーグとの交渉役に担ぎ出されたのが堤だった。西武ライオンズ自体も年間一〇億円単位の赤字となるのが常態化しており、グループ企業の支援は不可欠だった。

セ・リーグとの交渉といっても、実質的に同リーグの主導権を握っている読売新聞の渡邉恒雄社長（九一年社長就任、九六年から巨人のオーナー）が相手だった。

こうして、一リーグ制への球界再編の懸かった堤・渡邉会談が行われた。しかし、巨人以外のセ・リーグ球団は、一リーグ制にこぞって反対した。その理由は、言うまでもなく、一リーグ制になれば巨人戦が減少し、それに伴いドル箱の巨人戦放送権収入も減るからだ。交渉に当たって堤がどれほど身を入れたのか疑問だし、渡邉にしても堤の話には一応の理解は示したものの、自ら率先して反対する球団を説得するつもりはなかったようだ。結局、パ・リーグの一リーグ制への望みは、あっさり拒否された。

二リーグ制といっても、実態は別々のリーグであり、そのうえオーナー会議に一度も出席しないでおいて、こうしたときだけ渡邉と裏交渉のようなことをする堤に対する不信感もセ・リーグ球団が拒否反応を示す背景にあったとも言えた。

〇四年、オリックス・近鉄合併による球界再編の動きの際、二六年ぶりにオーナー会議（七月七日）に出席した堤は、存在感をアピールするかのように、「もう一組の合併話が進行中である」という衝撃的な発言をした。

しかし、決まってもいない合併を持ち出すという中途半端な堤発言が労働組合選手会（選手会）の反発に油を注ぐ結果となった。

その合併も頓挫し、九月初旬に開かれたオーナー会議で堤はまさに四面楚歌の状態になった。選手会が初めてのストライキに突入し、新規参入を認めさせるなど日本プロ野球組織側の大幅な譲歩を引き出す、といった動きのなかで堤は、オーナーを辞任していった。

グループ企業の不祥事も絡んでいたとはいえ、結局、堤は最後にいたるも西武ライオンズのオーナーとしてのけじめをつけられず、いい加減なオーナー代行を立てて自らは逃避してしまった。その逃避行は、プロ野球にどう向き合うのか、という基本についての明確な意思の欠落をさらけ出すことでもあった。

〇五年シーズンに入ったものの西武ライオンズは、宙づりの状態だ。すでに売却・撤退の対象とされる赤字経営のプリンスホテルやスキー場などがリストアップされた。そうしたなかで、年間二〇から三〇億円といわれる赤字を出している西武ライオンズを存続させるかどうかもシーズン終了とともに当然課題になるだろう。

なにしろ、今シーズンの観客動員数は激減傾向を示しており、赤字幅が一層拡大するのは必至で存続はかなり厳しいと言えよう。

とにかく、西武ライオンズの行方次第で球界再編問題が再び持ち上がることも大いにあり得る。

2　JOCに賭けた堤の野望

逃げを打ったボイコット問題

プロ野球のオーナー会議の場合とは対照的に堤はJOC理事会にはほとんど出席した。つまり、球団オーナーの顔はごく控え目にし、ＪＯＣ理事の顔を前面に押し出したように見受けられた。

そのＪＯＣで堤は、自分の価値観を試される事態に直面した。

世界が東西冷戦構造下にあった八〇年にアメリカのカーター大統領は、ソ連のアフガニスタン侵攻を理由に「八〇年モスクワ・オリンピックをボイコットする」と宣言し、西側諸国にも同調を呼びかけた。

日米安保条約を結んでいる日本政府（大平正芳首相）は、当然のようにカーターに追従してボイコットに動いた。

外務、文部両省は、日体協やＪＯＣに次のような露骨な圧力をかけた。

もし、オリンピックに参加するなら、一、政府のオリンピック派遣費補助（六一〇〇万円）は打ちきり、関連する公営競技（競輪、競艇など）からの補助金（九六〇〇円）も出さない。二、公務員の選手は派遣させない。三、外務省のアタッシュ（選手団の世話役）は活動を停止する。四、大企業の選手も派遣できない、など。

八〇年五月二四日、午前中に開かれた日体協理事会に時の官房長官が乗り込み、「オリンピック参加に絶対反対」という政府見解を突き付けた。河野謙三・日体協会長（参議院議員）は、政府見解に賛同し、日体協としてボイコットを決議した。

同日午後、最終決定を下すＪＯＣ総会が岸記念体育会館地下三階の講堂で開かれた。

この総会は戦後のＪＯＣ史上もっとも重大な会議と言っても過言ではなかった。政府の圧力に屈して「ボイコット」するか、それともオリンピック運動を担う組織としての自立性、主体性を貫いて「参加」するのか、まさしくJOCのアイデンティティが懸かっていた。

この重大な会議の席に、堤の姿はなかった。河野は、「こんな重要なときになぜ堤氏は欠席するのだ」と憤懣やるかたない様子で言い放った。

おそらく河野は、堤が自分をバックアップして「ボイコット」に賛同してくれると期待していたのではなかろうか。

政府の介入を許した過去の反省の上に立って「参加」を主張する委員と現実主義の「ボイコット」賛成の委員などが入れ混じって総会は混乱した。そして、最終的に、柴田勝治JOC委員長が強引に、「諸般の情勢でモスクワ・オリンピックには不参加やむなしと考えます」という見解を出し、それについて賛否を問うかたちに持っていった。投票の結果、賛成二九、反対一三で「ボイコット」が決まった。JOCは政府に屈服したのだ。

それにしても、堤がなぜ欠席したのか。政府や河野に楯突きたくなかったのか、主張すべき明確な意見を持ち合わせていなかったのか、など憶測が乱れ飛んだ。

ともかく、オリンピック運動やその国内の推進組織であるJOCの存在価値を根本から揺るがすボイコット問題を議論する総会を欠席するのは、自らの理念や意思を表示すべき責任の放棄を意味した。

しかし、そうした責任放棄について堤が追及されることはまったくなかった。それどころか、オリンピック運動やＪＯＣの有り様について、どのような考え方をしているのか定かでない堤をＪＯＣ会長に担ぎ上げようとする動きさえ出てきた。

人事に異常な意欲

八九年八月、ＪＯＣは、日体協から分離独立し、初代会長に堤が就任した。

堤は五五歳で、それまで日体協やＪＯＣの長老支配が長かっただけに、その若さは際立った。とはいえ、理念、業績などの面で評価の高い人物が何人もいるなかで、なぜ堤がＪＯＣ会長に選ばれたのか。

ＪＯＣ独立の動きが本格化したのは、八八年ソウル・オリンピック後のことだった。

同年一一月中旬に開かれたＪＯＣ総会で、ＩＯＣ（国際オリンピック委員会）委員であった清川正二は、自らＪＯＣ改革についての決議文をまとめ全員に配った。

〈一、世界のスポーツ界の動向にかんがみ、日本スポーツの衰退をただすには、ＪＯＣは、自主・独立性を堅持し、「指導体制」と「責任体制」を明確にした「組織と運営」への改革が必要であると意見が一致した。二、そのため可及的すみやかに「ＪＯＣ改革特別委員会」を設置し、総会に具申させることを決議する。〉

この決議文は、先走り過ぎとの批判によって否認された。ただ、ＪＯＣ改革を必要だとすることでは一致し、独立に向けて法人化を実現するための「法人化検討委員会」設置が決められた。

院政を敷いてＪＯＣをコントロールし続けた堤義明・元ＪＯＣ名誉会長

ＪＯＣ独立の動きが進む中で、もっとも紛糾したのは、新ＪＯＣが誕生した場合の会長、それと関連する日体協の会長を巡る人事問題だった。揉める原因となったのは、堤の不可解な動きだった。

適不適は別として、新ＪＯＣ会長には、ＪＯＣ委員長を務めてきた柴田、日体協会長には会長職務代行である青木半治（日本陸上連盟会長）、というのが常識的な見方だった。

ところが堤は、青木が日体協会長になることになぜか猛反対した。コクドの執務室に柴田やＪＯＣ幹部を呼びつけ、堤は、「青木クンはダメだ」として、柴田の日体協会長案を示した。たとえ評価しなくても、年齢ばかりでなく、組織幹部としての業績面でも大先輩である青木を「クン」呼ばわりするあたりに常識はずれの堤の資質が表れていた。

それはともかくとして、青木を否定するのは、暗に堤が新JOC会長の座を欲していることを表したものと受け止められた。

しかし、「堤新JOC会長説」が地方紙（通信社が配信した記事）に掲載されると、自ら設けさせた記者会見の席上で堤は、それを真っ向から否定した。

「私には事業があり、一〇年、二〇年後ならともかく、いまはやる気はない。それに競技団体をまとめていけるのは柴田委員長しかいない」

事態が急転回したのは、柴田の入院がきっかけだった。病床の柴田のところに岡野俊一郎・JOC総務主事が出向き、柴田から「自分は退き、行動力のある堤氏を後任に推す」といった内容の一札（本人が書いたものか疑問視もされた）を取ってきた。

この一札が決め手となって、担ぎ出されるかたちで、堤の新JOC会長が決まったのだ。堤担ぎ出しに中心的な役割を果たしたのは、「笑話会」メンバーだった。

同会は、「笑話」と「昭和」を掛けた名称で、昭和生まれのメンバーで構成された。その顔ぶれは、岡野をはじめ古橋廣之進・水泳連盟会長、松平康隆・日本バレボール協会専務理事、荻村伊智朗・日本卓球協会専務理事、笹原正三・日本アマチュアレスリング協会専務理事、林克也・日本ウエイトリフティング協会専務理事など、まさしくJOCの中核をなす面々だった。

同会は、都内のプリンスホテルで堤を囲み定期的に開かれた。堤を中心に五〇代のメンバーで日体協を動かし、JOCの独立を実現する、というのが同会の目標だった。

したがって、ＪＯＣの独立、そして堤会長就任というのは、同会が描いてきた筋書きを実現させたものとも言えるのである。

会長の座に就いた堤は、論功行賞の意味も込めたのだろうが、笑話会のメンバーを中心に執行部体制をつくった。その陣容は、専務理事・岡野、強化本部長・古橋、副本部長・松平、総務委員長・林、などだった。

この執行部に乗っかって堤は、独断専行していった。

期待は集金力

「金メダルをもっと獲れ、というのが国民のコンセンサスになっている。しかし、世界のスポーツ大国に比べると選手強化に注ぎ込むカネが一桁違う。そのカネを集めるためになんとかしなければならない」

これは、堤がＪＯＣ会長として打ち出した基本方針だ。

そこには、オリンピック運動についての理念的認識はいうまでもなく、ＩＯＣやＪＯＣの抱えている多くの問題についての現実認識の一欠片《かけら》さえもなかった。

ＪＯＣ理事たちも口々にこう言った。

「巨大な企業グループをバックに政財界にも顔が広いし、資金を集めてくれるんじゃないかと思っています」

「会長になるについて堤さんは、年間一〇〇億円ぐらいなら集められると断言した。それをはたしてもらう」

堤は、学識経験評議員に斉藤英四郎経団連会長、鈴木永二日経連会長、石川六郎日商会頭という当時の財界トップをこぞって引き入れた。

カネ集めについての支援、それに自分を影響力のある大物として誇示したい、といった思いも込めて堤はこの人選をしたに違いない。堤の会長就任にタイミングを合わせて、共同通信は、地方体協、JOC加盟競技団体、選手・コーチなど合計一〇〇名を対象に新会長についてのアンケート調査を行い、その結果（回収率七五％）を報じた。

そのなかで、もっとも注目すべきは、堤の会長就任を肯定的に評価したものが四三％で半数を割っていたことだ。

また、大雑把にまとめると評価も次のように分かれた。

肯定的評価――「法人化JOCの難問解決には実力者が必要であり、歓迎すべき人事」、「斬新なアイディアと行動力」、「政財界への影響力」、「集金能力」など。

一方、批判的評価――「法人化JOCに関する哲学が感じられず、一連の改革が人事優先で運んだ趣がある」、「堤氏の企業グループのスポーツ界への関わり方が不安」、「堤氏の会社組織（西武鉄道グループ）の運営方式がスポーツ界に持ち込まれて不必要な摩擦を生じかねない」など。

このアンケート調査の結果は、堤にとって他者が自分をどう見ているのかを知り、自らを省みるのに役立つ貴重な鏡になり得る内容だった。
しかし、堤はそのようには考えず、支持率が五〇％以下であることにショックを受けたのであろう、「なぜ、こんなアンケートを取らせたのか！」と、激怒し日体協職員を怒鳴りつけたという。

批判を受け付けない習性

「監督をやりたければどうぞ」の発言で堤に対する批判が巻き起こったことは前述したが、火付け役にもなった週刊文春（八九年一一月二日号）には、従来、批判の一つも掲載しなかった新聞社の経済部デスク（匿名）が堤批判の痛烈なコメントを寄せていた。

〈……ひたすら他人を支配し、その上に君臨する。いわば一九世紀の資本家。経営というより独裁、恐怖政治と言った方がわかりやすい。それだけに、常に権威づけが必要なわけです。自社のスキー場やリゾート地をヘリコプターで回ったり、「頭のいい社員はいらない。頭は私がやるから、社員は体力があればいい」と公言してみたり、よくやってくれますよ。〉

このような痛烈な批判を浴びたのは堤にとって、もちろんはじめての経験だったに違いない。あわてた取り巻き連中は、ＪＯＣ会長としての立場にまで影響を及ばせないために名誉回復を狙って堤をメディアに売り込んだ。『月刊Ａｓａｈｉ』九〇年一月号に、「ここまでやらなきゃメダルはとれない」のタイトルで堤の手記が掲載された。

内容的には選手強化のあり方、強化のためのカネ集めなど、これといって新鮮味を感じさせるものはなかった。

ただ、見過ごせない差別的表現があった。「小学校から高校、大学まで、学校でスポーツとか、芸術の時間というのをできるだけとって、五体満足な者はスポーツをやる。ハンディキャップがあってスポーツができないものは、そのぶん芸術をやればいい」

身体に障害のある多くの人たちがスポーツに喜びや楽しさを見い出し、積極的に取り組んでいることを堤が知らないわけはあるまい。スポーツをすることについてハンディキャップのある人を排除するような差別的な見方は、JOC会長としての堤の適格性が根本から問われることでもあった。

しかし、当人にはそうした自覚がまったくなかった。他に命令を下すだけの権力者は、習性として自分への批判を一切受け付けないものだが、堤もその例外ではなかった。

残念ながら、批判精神を発揮すべき立場にあるスポーツ報道の関係者までも、堤批判をタブーとし、黙認するだけだった。

何事においても例外というものがある。そのタブーを破り、批判を込めた疑問を堤に直接ぶつけた人物がいた。全日本スキー連盟（SAJ）の評議員である谷道夫（茨城）だ。

SAJの堤執行体制に対して谷は批判を抱いていた。

「堤氏は全日本スキー連盟を私物化してきた。九四年の役員選挙にしても密室で行われ、まったく知らない北野建設の社長がいきなり副会長に選ばれたんです。コクドと北野という建設業者同士で長野オリンピックに絡んでいる。とにかく堤体制の体質を変えなければまともな連盟にならない。したがって、いつか公の場で堤批判をしようと思っていたところタイミングよく評議員会があったので、前もって質問通告書を出したうえで質問したんです」

九五年六月に開かれたＳＡＪの評議委員会で谷は、議長を務める堤に対して、次のような三点について質問した。

一、堤氏は全国に多くのスキー場を持っていながら、オリンピック選手強化のために一つのスキー場も利用させないのはなぜか。

二、役員などは選手強化費の獲得を目指してカネ集めをやっているのに、堤氏は会長就任以来一〇年間、一銭も出していないのはなぜか。

三、九四年一一月、赤坂プリンスホテルで行われたスキーヤーズ・パーティーで、一万円の会費で一二〇〇万円集まったにもかかわらず、支出が一一四〇万円で残ったのはわずか六〇万円だった。支出のうちホテルに四〇〇万円が支払われている。選手強化のためのカネ集めを目的にしたパーティーでなぜそんな（金を）取るのか。

この質問に、「ここは批判の場か」と堤は激怒し、議長席を蹴って退場してしまった。

それを見て質問した谷は、こう思った。

「人様の前で批判的なことを言われて堤氏は周章狼狽し、前後の見境もなく議長をほっぽり出したんでしょう。議長を放棄した時点で会長も辞めたんだと私は判断しました」

正義感に基づいた谷の勇気ある発言に対して議長をほっぽりだした堤は論外として真摯に受け止めるべきSAJ執行部は、堤を怒らせたのはけしからんとばかり、こともあろうに谷ともう一人の評議員（同じ茨城）を評議員から降ろしてしまった。

谷らは、これを不当として堤らを相手取り、東京地裁に地位保全の仮処分を申請し裁判闘争に持ち込んだ。

最終的には裁判所の和解案を両者が飲むかたちで決着したが、その内容としてSAJ側の非を認めることも含まれていた。

谷が鋭く見抜いたように、人様の前で批判されるや周章狼狽して、見境なく激怒し逃亡する、というのは堤の習性を象徴していた。

自然保護より開発

堤がスポーツ界に関わるきっかけとなったのは、アイスホッケーチームを所有し、リーグ作りに乗り出したことだった。そのいきさつについて堤は、こう語っている。

「アイスホッケーならスケート競技だ。スキー、スケートの国土計画としては企業イメージに合う。軽井沢の土地分譲にもいいかな、とも考えました。それもうち一社でなく西武グループのものとして〝東京西武〟とした。これで百貨店の購買力にも結びつくことが期待できるわけです。強化のために経費もかけます。しかし、企業宣伝費と考えれば安いものですよ。新聞に社名が出たり、テレビで放送されたりする。これはたいへんな広告です。経費がいくらかかるといっても宣伝費の一〇〇分の一でおとせますよ」

堤は、アイスホッケーを企業スポーツと捉えるだけでなく、グループのレジャー・リゾート事業の利益に直結させることを企図していた。

日本経済のむちゃくちゃな高度成長やバブルなどを背景にして堤は、軽井沢をはじめ全国各地に次々とスキー場、ゴルフ場、ホテルなどを建設していった。その数は一六〇カ所に及んだ。

いわば、田中角栄の「日本列島改造」に習って堤はレジャー・リゾート開発による日本列島改造を目論んだとも言える。

しかし、その開発は、大規模な自然破壊で日本列島を傷だらけにしたばかりでなく、自然を愛する多くの人びとの心までもずたずたに引き裂いてしまった。自然破壊を自らの痛みとし、切実に自然保護を求める全国各地の地域住民から堤批判が噴き出したのは当然だった。

その批判が束となって集中したのは、長野冬季オリンピック招致を口実にして堤が目論んだ奥志賀高原・岩菅山麓のスキーコース開発だった。

九〇年三月、当初計画していた岩菅山のコース新設に対して自然保護団体が反対したため、堤は、隣接する裏岩菅にコースを変更する計画修正案発表した。

これに対しても、日本自然保護協会は反対姿勢を崩さず、「開発は環境倫理に優先すべきものではない」など、堤とコクドを批判する見解（沼田真会長名）を出した。その内容は、次の通りである。

〈……堤義明全日本スキー連盟会長は、岩菅山山域滑降コースの修正案なるものを提示したが、自然保護上の基本的問題解決に寄与するものには全くなっていない。素朴な疑問として何故これほどまでに、既存施設での工夫に努力せず岩菅山山域にコース及び施設を新設することにこだわるのか、とうてい理解しえない。当該地域は日本オリンピック委員会（ＪＯＣ）会長でもある同氏の経営する国土計画株式会社がこれまでにスキー場、ホテル等を開発してきた焼額山に車道をはさんで対面する未開発の地域であるが、これでは、オリンピック冬季大会開催を名目とした開発との誤解を生じ、結果として我田引水のそしりをまぬがれぬことになろう。同社は、これまでも県立自然公園である秋田県森吉山山頂部のスキー場開発など国内各地で自然保護上の問題を引き起こしているが、いかに企業活動とはいえ、開発は環境倫理に優先すべきものではないことは、自然保護憲章にもうたわれ、今や国際的な時代の良識である。国民の将来のためにも、良好な自然環境を維持しながら国の健全な発展に寄与することにこそ貢献してもらいたい。ＪＯＣ会長、ＳＡＪ会長という公職にある堤義明氏の言動は社会に対する影響力も大きい。企業人としても積極的に自ら範を垂れることを望むものである〉

また、自然保護に関わりのある国内の学会や自然保護運動の国際的組織「世界自然保護基金」の日本支部（ＷＷＦＪ）も裏岩菅山のコース新設反対の声を挙げた。

そうした反対に包囲されて堤は、裏岩菅コース新設も断念せざるを得なかった。それから一週間後の四月一二日、堤は突如、JOC会長の辞任を表明した。会長在任期間は、わずか九ヶ月だった。

堤が辞任の理由としたのは、同年三月、札幌で開催された冬季アジア大会で国歌や選手の国籍を間違えるなどミスが重なり、参加国に多大な迷惑をかけた、ということだった。その上で堤はこう付け加えた。

「……結論としては、やはり兼務の会長、他の仕事をやりながら片手間でやっている会長は辞めた方がいい。手伝ってくれといわれて本業をもちながらJOC会長を引き受けたが、こんなに時間を取られるとは思わなかった。JOC会長を辞めるか、会社を辞めるかどちらかだが、私は食べていくために会社を選んだ」

また、日経ビジネス五月七日号の「敗軍の将、兵を語る」の欄に登場した堤は、こう述べた。

「……自分個人の気持ちとしては満足しているんです。短い期間でしたが、法人化、政府からの補助金増額、寄付集めと、JOCが私に期待したことは全部できたのではないでしょうか。(略)創業者である父の、「世の中のためになる事」「誰もまだやっていない事」をやるという精神に立ち戻ってやり直そうと思います。父が死んでも二〇年ぐらいは教えを守ってきましたが、それをいつのまにか破ってしまっていた。「オリンピックに分をわきまえずにつっこみ、でしゃばって」──父親がいればそう言ったでしょうね」

辞任の真の理由は、岩菅山問題で起きた広範な堤批判がレジャー・リゾート事業全般に悪影響を及ぼしかねないので身を引き、飛び火を防ぐことだったと見て誤りないだろう。

開発を最優先させる堤にとって、自然環境は地域振興を名目にしたビジネスの資源であって、保護すべきものなどではなかった。それゆえに、冬季競技団体やＪＯＣでの影響力を利用してレジャー・リゾート事業に利益誘導するような公私混同を堤は何ら躊躇することなく断行してきたのだった。

岩菅山を中核にした広域スキーリゾート構想という大規模な開発を企図していただけにそれを断念せざるをえなくなったのは、堤にとって重大な挫折に違いなかった。

院政で支配力強化

堤の無責任な会長辞任に対して、笑話会のメンバーでもあった荻村は、「バカ殿じゃあるまいし、一度言い出したことをあとで引っ込めたりしないだろうな」と、批判を顕わにした。

しかし、堤は「ＪＯＣより会社を選んだ」と言いながら、実際には会長辞任後もしたたかにＪＯＣに介入し続けた。

とくに九七年、ＪＯＣがわざわざ堤のために新設した「ＪＯＣ名誉会長」のポストに就いてから、影響力をより強めた。

堤は、ＪＯＣ会長になる前から、「人を生かす組織をつくる点では専門家だ」と自信満々に語っていた。

その「人を生かす組織」というのは、堤が公言した、「頭は私がやるから、あとのものは体力だけあればいい」という考えに基づいた組織なのだ。簡単に言えば、「何も考えずに俺のいうとおりに手足となって動けばいい」ということだ。

実際に堤は、コクドの支店と同じような扱い方で、手足として使うコクドの社員をＪＯＣ事務局に次々と出向（一年交代）させた。

コクドの執務室にいながら、堤はＪＯＣ事務局をばかりでなく、日本アイスホッケー連盟の幹部を理事会に入れたり、各理事の意見や議論を押さえ込んで理事会をも思うがままにコントロールした。

堤がもっとも影響力を発揮したのは、人事だった。堤の後任の古橋、次いで八木祐四郎（全日本スキー連盟専務理事からＪＯＣ専務理事へて会長）、現在ＪＯＣ会長の竹田恒和、いずれも堤の意向が反映されるかたちで決められた。

逆らえば切り捨てられる、という恐怖感もあり、会長を初め理事たちも、こぞって思考停止状態のイエスマンになった。

こうして、堤はＪＯＣを私物化したのだ。

ＪＯＣは公益法人であり、ボランティア活動によって支えられる組織である。ボランティア活動に求められるのは、公共性、自主性、自発性、無償性などだが、堤の私物化に甘んじた理事たちはその公共性、自主性、自発性の認識を喪失した。その結果、理事会は閉塞化し空洞化してしまった。

拝金主義

「堤さんはＪＯＣに貢献した」と評価する声はいまだに多い。

その貢献とは、何か。問うていくと、カネを引っ張ってきたことに尽きる。堤自身、国庫補助増額、寄付集めなど期待されたことは全部できた、と言い切っている。

堤は、どのようにしてカネを引っ張ってきたのか。堤自身はもちろんグループ企業も一切カネは出さなかった。堤はグループ企業と取り引き関係のある企業から半ば強引にＪＯＣのスポンサーシップやスポーツ振興基金への寄付などのカネを引き出したのだ。

視点を変えれば、そうしたカネの引き出し方の裏には堤の計算ずくのビジネスがあったとも言えるのではなかろうか。

堤がもっとも多額のカネを集めたのは、オリンピック博物館（スイス・ローザンヌ）の建設費として、サマランチＩＯＣ（国際オリンピック委員会）会長（当時）に渡した二〇〇〇万ドルだ。これも、同様に二〇社（一社一〇〇万ドル）から集めたものだ。

九八年冬季オリンピックの開催地を選ぶＩＯＣ総会（イギリス・バーミンガム）を間近に控えた時点でこのカネをサマランチに渡したことに堤の策謀が秘められていた。それは、サマランチに長野への集票工作を実行させることだった。

堤の策謀は功を奏し長野は開催地に選ばれた。ただし、海外のメディアは、「カネでオリンピックを呼んだ」と、長野の招致のやり方に批判を加えた。オリンピック招致合戦の裏でIOC委員の買収が拡大するなか、長野もその代表的なケースに加えられたのだ。

オリンピック博物館の壁に刻み込まれたサマランチと堤の個人名のほかカネを出した日本企業の名は、建設への貢献ばかりでなく、買収の証拠としても永遠に残る。

とはいえ、長野冬季オリンピックを名目にした新幹線建設や道路整備が堤の事業にもたらした利益は計り知れない。巨額の借金を背負った県・市民をそっちのけにして、堤の「一人勝ち」だった。

長野冬季オリンピックの招致を契機として拝金主義で繋がったサマランチとの関係を堤は、「私とIOCとの関係をJOCは期待している」と、JOC名誉会長を辞任するまで誇示して続けた。そのことには、単に権威付けのためではなく、サマランチを媒介にして、たとえばスペインのリゾート開発などのビジネスチャンスへの期待も込められていた。

堤に残った最後の肩書きはサマランチから与えられたIOC栄誉委員だったが、IOCの資格停止処分決定を受けて、自ら辞任した。これでスポーツに賭けた堤の野望も終局を迎えたということになろうか。

結び

戦後、日体協は、六一年に制定された「スポーツ振興法」を後ろ盾としてスポーツ全般にわたって統括し、「アマチュアスポーツの総本山」と言われてきた。そして、その権威付けの意味からであろう、政治家を多く会長に据えてきた。

戦後に会長となった顔ぶれと主な経歴を列挙してみる。

平沼亮三——貴族院議員（四六年）
東龍太郎——東京都知事（四七〜五八年）
津島寿一——蔵相（五九〜六二年）
石井光次郎——衆院議長（六二〜七五年）
河野謙三——参院議長（七五〜八三年）
福永健司——衆院議長（八三〜八八年）
青木半治——日本陸連会長（八九〜九三年）
高原須美子——経済企画庁長官（九三〜九五年）
安西孝之——会社相談役（九五〜二〇〇五年）

こうした政治家たちに加えて管轄する文部科学省の影響もあり、日体協は体制べったりの体質を強く持った。

一方、ＪＯＣの方は、八九年の独立まで日体協の一委員会であったことから、平沼、東、津島などはＪＯＣ委員長も兼ねた。

その他の顔ぶれは、竹田恒徳――ＩＯＣ委員（六二～六九年）、青木半治（六九～七三年）、田畑政治――日本水泳連盟会長（七三～七七年）、柴田勝治――日本アマチュア・ボクシング連盟会長（七七～八九年）。

ＪＯＣの基本的な体質は、日体協と異なることはなかったものの、長年にわたって競技団体を取り仕切ってきた経験などもあってか委員長たちは政治家会長たちより思考や発想に幅があったと言えよう。

堤の場合、会長ポストを巡る河野と福永との激しい争いの渦中に巻き込まれた経験からか政治家会長を好ましく思わないところもあったようだ。ＪＯＣの日体協からの分離・独立に際しても政治家の排除が堤の基本的な考えだったのは間違いない。

それはともかくとして、こうしたトップの顔ぶれと見比べてみると堤のＪＯＣ会長というのは、いわば「若き新参者」というだけでも特異性があったと言えなくもない。

また、「分かりやすい人間」というところも堤に味方したかも知れない。なにしろ理念や倫理などとは無縁で、堤＝カネという記号化されたと言えるほどのわかりやすさがあった。

もし、堤に理念や倫理へのこだわりがあれば、笑話会のメンバーなども一致して堤をＪＯＣ会長に担ぎ出すことはできなかったのではあるまいか。

一方、康次郎から西武グループ総帥という権力の座を引き継いだ堤は、自分が絶対的な存在であると思い込み、他者に配慮することがないばかりか、蔑視したり、否認したりするだけだった。そうした資質だからこそ、他者の痛みなどに気を配ることなく抑制なき開発などを断行できたのだろう。

多くの役職に就きながら、堤が真に信頼されたことはなかったのではなかろうか。他者と関わり、協働し、共有する世界を広げ豊かにしていくような経験の欠落こそ、堤の人生上最大の欠陥だったと言っても誤りではなかろう。

表舞台から去ったからといって堤の影響が自動的に消えるわけはない。堤の公私混同や私物化がもたらした組織体質の歪みという目に見えない損傷や損害は、そう簡単に回復できるものではない。組織を再生させ活性化させるには、関係者はこぞって堤の独断専行に追従したことを徹底的に自己批判、自己反省し、ボランティア活動の原点に立ち戻って公共性、自主性、自発性の確立を目指す必要がある。

そのことが緊要さを増す事態にJOCは直面している。

〇五年三月二二日、日体協評議員会で森喜朗前首相の会長就任が決定された。これは、由々しき人選と言わねばならない。周知のように首相時代、森はこう発言し物議をかもした。

「日本は天皇を中心とした神の国であるぞということを国民のみなさんにしっかり承知してい

ただく」

この発言で明らかなように森は、時代に逆行する天皇中心主義の復古的な思想の持ち主である。このような思想の持ち主が会長に就くのは、極めて危険なこと言わざるを得ない。森の思想から考えて国民体育大会をはじめ地域スポーツにいたるまで国家主義のもとに総動員される恐れが多分にあるからだ。

よく知られるように堤と森は極めて親密な間柄にある。森は、堤の言うなりになる竹田JOC会長を日体協理事に取り込んだ。そして竹田は、森をJOC理事に招き入れた。

日体協とJOCを一体化させて「スポーツ大国」づくりを目指す、それが森の企図ではなかろうか。

いずれにしても、堤の退場後に森が登場してきたことは、今や顕著になってきた新たな国家主義にスポーツ界がより積極的に加担する狙いを含んでいるのではないかと強く危惧せざるを得ない。

第三部　ゼニと日の丸のスポーツ大国幻想——スポーツ界はいま

1章　日本のプロ野球に未来はあるか

1　時代に逆行する「YOMIURI」巨人

二〇〇二年七月九日、広島球場で行なわれたプロ野球の広島対巨人戦から、巨人のユニフォームの胸に、これまでの「TOKYO」に代わって「YOMIURI」のマークが付けられた。

そのユニフォームを見ながら鮮明に脳裏に浮かんだのは、六月二日に東京ドームの巨人対広島戦で起きた出来事だった。同日、五万五〇〇〇人の観衆で埋まった東京ドームの右翼席にいくつもの横断幕が掲げられ、場内は異様な雰囲気に包まれた。

その横断幕には、こう書かれていたのだ。

「よみうり巨人What?」「オレ達は読売ファンじゃない!!　巨人ファン!」「正力の遺産をなくすのか?」「GIANTSは、広告媒体だけなのか」「流れゆく時代に逆らうな」

巨人の歴史のなかで、このような抗議の横断幕が掲げられたのは、もちろん初めてのことである。しかも、この日を選んで抗議をしたのには明確な根拠があった。

実は、五月二八日、読売新聞社の臨時株主総会が開かれ、「巨人は株式会社として独立する」と決定されるとともに、球団名も「東京読売巨人軍」から「読売巨人軍」へ、ビジター用のユニフォームのマークも「TOKYO」から「YOMIURI」へ、それぞれ変更されることになった。こうした決定に対する抗議として横断幕が掲げられたのだった。

抗議の内容には、正鵠を射た鋭い批判が込められている。球団関係者は、さぞかし驚いたことであろう。記者会見まで設定させられ、球団代表は苦々しい思いを露わにしてこう語った。

「気持ちはわかるが、歓迎するものではない。われわれとしては会社の名前が変わり、あたり前のこと。多少の気持ちのズレは仕方ないが、ああいう形で出るのは残念」

球団代表ともあろうものが抗議の意味をまったく理解せず、見当はずれもはなはだしい発言しかできないという体たらくぶりだった。

巨人を独立した企業にすることに問題があるのではない。これまでのようにグループの一事業として巨人のあげた利益を他の赤字事業へ補填するやりかたより、独立採算を明確にしたほうが合理的なのは間違いない。問題なのは、球団名からユニフォームまで「TOKYO」を消して「YOMIURI」にしたことだ。

読売新聞・日本テレビグループに君臨する渡邉恒雄・読売新聞社長は、名称変更の理由についてこういったという。

「巨人は東京だけでなく全国区のチームだから」

傲岸不遜、というより、あまりにも幼稚な発想なので二の句が継げない。とはいえ、「東京」を消し「読売」にするのは、フランチャイズ制にもとづくプロ野球球団の存立基盤を否定することであり、「全国区だから」などといってすまされる問題ではない。それとともに、パブリックな性格を持つプロ野球を読売グループの企業論理に従属させて「企業スポーツ」の性格を濃くするのは、地域との密着が緊要な課題になってきているプロ野球の流れに逆行する。二〇〇四年から札幌をフランチャイズにする日本ハムは、札幌や北海道を前面に出し、企業名を消す考えのようだ。そうしたことも踏まえて、六月二日の前代未聞の出来事は、巨人ばかりでなく、すべてのプロ野球ファンが記憶にとどめる必要がある。

残念なことに、この出来事は、同日サッカーW杯のイングランド対スウェーデン、アルゼンチン対ナイジェリアという注目度の高いゲームが行なわれ、その報道の陰に隠されてしまい、広く関心を集めることができなかった。

五月末の臨時株主総会での決定が、いよいよユニフォームの名称変更といった具体的なかたちになって表れてきた今、改めて「プロ野球ファンが応援するのは、チームであって親会社ではない」「チームを親会社の広告・宣伝の道具にするな」「時代に逆行するな」などの抗議の声を広げていく必要があろう。

2　松井選手が抜けて巨人はどうなる

二〇〇二年一一月一日、巨人・松井秀喜選手がFA（フリーエージェント）を行使し大リーグ挑戦を表明するや、アメリカから次々とエージェントが来日し、その数は少なくとも一〇人に達しているようだ。

そうした動きを横目で見ながら渡邉恒雄・巨人オーナー（読売新聞グループ本社社長）は、「オレが松井の代理人になってやる」と発言し顰蹙《ひんしゅく》を買った。松井選手は、「できるかぎり自分でやる」と、渡邉オーナーの発言を一蹴した。

ただ、エージェント発言に渡邉オーナーの本心が表されているという見方もある。読売新聞グループの関係者から漏れ聞くところだと、渡邉オーナーから「なんとしても松井との関係を保持せよ」との指令が出されているという。

FA行使表明にいたる最終段階で巨人フロント首脳や長嶋茂雄・前巨人監督が松井選手に激しく残留を迫る一幕もあり、円満な決着とはほど遠いものだったらしい。というのも、渡邉オーナーをはじめ巨人フロント首脳らは、松井選手の残留を一〇〇%信じていたからだ。

それだけに、松井選手のFA行使に関係者が大きな衝撃を受けたことはいうまでもない。なにしろ、渡邉オーナーや巨人フロント首脳は、札束攻勢（三年契約五六億円を提示）をはじめ、長

松井秀喜選手の大リーグ入りは巨人人気に致命的なダメージを与えた

嶋氏まで担ぎ出して松井選手の慰留にあたらせた。渡邉オーナー自らも、さまざまな言説を弄して松井選手の心を慰留へ動かせようとしてきた。二〇〇四年のアテネ・オリンピックに野球のドリームチームを出場させることを言い出した渡邉オーナーは、「松井に旗手になってもらい、金メダルをとってもらいたい」と松井選手を精一杯持ち上げた。そうかと思うと一転して、「メジャーに行くなら行けばいい。しかし帰るところはないと思え」と脅したりもした。それらすべての努力が無に帰してしまったわけだ。

松井選手が抜けることとは、単に巨人の戦力低下という次元の問題ではなく、読売新聞・日本テレビのグループ企業全体の利益に決定的なダメージを与える。いまさらいうまでもないことだが、巨人は読売新聞・日本テレビというメディア企業グループの重要な経営戦略から創設された。それは、巨人のゲームを興行として成功させることによって、興行収入を得るばかりでなく新聞のイメージアップや販売の促進・拡大、テレビのスポンサー獲得のための目玉番組にする戦略だ。

日本テレビによる独占中継などメディアの多大な影響力をバックにして巨人は、超人気球団になった。年間の観客動員が三〇〇万人を超え、巨人は莫大な興行収入をあげた。「プラチナペーパー」といわれた巨人戦チケットは読売新聞の拡販に最大限利用され、日本テレビの巨人戦中継番組は高視聴率を稼ぎ、「キラーコンテンツ」といわれるようになった。

しかし、見事なまでに成功した巨人戦略に陰りがでてきた。興行としての価値が減じてきたからだ。その最大の原因は、プロ野球界という運命共同体的な考え方を巨人が崩したことにある。渡邉オーナーは、弱肉強食、優勝劣敗の競争原理主義と権力志向とを併せ持ち、巨人の興行を最優先させるかたちで球界を動かした。それとともに、巨人人気に依存する他球団の姿勢が「巨人さえよければいい」という渡邉オーナーの傲岸不遜さを増長させ、逆指名制や札束でＦＡ行使の有力選手を根こそぎ獲得するなどして、著しい戦力不均衡を生みだしてしまった。圧倒的な戦力を擁する巨人の一人勝ちが裏目に出て興行の魅力を削ぐ結果になった。

そうしたなかで松井選手は、エンターテイナーとして最後の頼みとされる存在だった。それだけに、松井選手の大リーグ挑戦によって巨人の興行が決定的なダメージを受けるのは必至だ。大リーグに移籍しても松井選手との関係を保持するという渡邉オーナーの切羽詰まった思いは、メディア企業グループの巨人戦略の行き詰まりをも如実に物語っているといえよう。

3 渡邉オーナーの巨人帝国がもたらした荒廃

有事法制についでイラク復興支援特別措置法案をも、ほとんど議論をすることなく成立させるという小泉純一郎政権の暴走が続く。一方でメディアは、権力と化し暴走する小泉政権の新国家主義体制を支える姿勢を露わにしている。

読売新聞本社グループの渡邉恒雄社長は、そうしたメディアの姿勢を象徴する存在だ。渡邉氏の企図するのは、小泉政権が強引につくりだした日本国家の軍事化の流れに棹さし、憲法改正にまでいたらしめることにあると思われる。

その渡邉氏は、二〇〇三年六月上旬、一年以内に巨人のオーナーを退任することを明らかにした。その際、退任の理由について渡邉氏は、こう発言している。「オレは読売の社論を決めるのが仕事なんだ。そんな野球のことばかりかまってはいられんよ」(六月一〇日付『日刊スポーツ』)

メディア権力を背景にしてプロ野球の世界を「帝国」的に支配するとともに巨人についても徹底的に介入してきた渡邉氏がいまさら「野球のことばっかりやってられない」というのも解せない話だ。ただ、「読売の社論を決めることが仕事だ」という発言から渡邉氏は、企図する政治目標についての策動に本腰を入れることを表明した、とも受け取れる。いずれにしても、巨人オーナーを退任したとしても、渡邉氏はグループ本社の社長であり、最高責任者としての権限をもっており、今後とも巨人に対してばかりでなくプロ野球界にも発言力を持ち続けるであろう。

渡邉氏も荷担している「戦争のできる国」づくりが進む中で、改めてスポーツに何が問われているのかを考えなければならない。近代オリンピックの創設者・クーベルタンは、自ら作ったIOC（国際オリンピック委員会）会報に次のような文章を載せている。

「いかなる機関がこれを組織し、いかなる方向性をもって運営するかによって、スポーツは有益とも有害ともなりえよう。スポーツは、もっとも気高い情熱のみならず、もっとも卑しい熱情をも目覚めさせてしまうのである。無私の精神、名誉の理念を育みもすれば、利欲を刺激する可能性もある。平和を促進させるためにも、戦争をひき起こすためにも使いうるのである」（ジョン・J・マカルーン著『オリンピックと近代　評伝クーベルタン』平凡社）

このようなクーベルタンの見識は、オリンピックでの光と影の歴史によって見事に立証された。日本でのスポーツの現実も、これに照らせば悪しき部分が明らかになろう。

少なくとも、渡邉氏率いる巨人帝国の支配は、プロ野球界にさまざまな荒廃をもたらし有害であったといえよう。渡邉氏は、「卑しい熱情」の虜となって、巨人さえよければいいという利欲から、プロ野球界の存立基盤として不可欠なモラルや制度などを骨抜きにしてきた。そのことによってプロ野球界は、修復不可能といっていいほど荒廃してしまった。また、メディア権力によって平和の促進ではなく、戦争への道を拓く方向に世論を導こうとしている渡邉氏の政治的策動のために、巨人をはじめスポーツ界が悪利用されることも危惧される。

巨人を創設した正力松太郎は、プロ野球を新たな娯楽として発展させると同時に、その娯楽によって民衆の目を政治的問題から逸らすこと（いわゆる愚民政策）をも企図していたといわれる。渡邉氏とて、同様の考え方をもっているのではなかろうか。

その一方で、渡邉氏は、「アテネ・オリンピックで日の丸を揚げる」と張り切る長嶋茂雄・野球の日本代表チーム監督の後ろ盾になっており、日本代表チームによる国家主義の扇動まで企図していると思われる。

クーベルタンは、悪が生じても必ず善がそれを上回る、という楽観主義だったようだが、一世紀以上を経た現在、そうした楽観主義は、通用しないだろう。とはいえ、気高い情熱をもってスポーツを戦争にではなく平和促進に繋げる行動を起こさなければならないのはいうまでもない。

4 〝阪神優勝〟でわかったプロ野球の崩壊

阪神タイガース（阪神）以外のファンにとって二〇〇三年シーズンは興味半減のペナントレースだろう。なにしろ、早々と阪神が独走態勢に入り、他チームにとってシーズンの半分が消化試合の様相になってしまったのだから、面白いわけがない。

阪神の実力を評価する前に他チームの不甲斐なさについて追及したい。不甲斐なさの原因は、明らかにチーム編成の失敗にある。端的にいえば、チーム編成についての責任を負うべき球団オーナーやフロントが無能力、無責任ということだ。

「プロ野球」の看板を掲げるのも恥ずかしいほど、惨めな試合を見せつけてきた横浜ベイスターズ（横浜）の場合、最大の責任は、いうまでもなく新しいオーナーＴＢＳにある。ＴＢＳは、単に球団の株を取得してオーナーになっただけで、球団についてまったくビジョンがない。それどころかフロントの肩書きにしがみついているだけの無能力、無責任な幹部にすべてをまかせてしまった。山下大輔氏の監督就任人事をはじめ選手補強にいたるまで、極めて杜撰《ずさん》なチーム編成としかいいようがない。その結果、横浜の不甲斐ない試合ぶりが阪神独走のきっかけを作ってしまった。本来なら、オーナーかフロントの社長、代表がチームの不甲斐なさについて自己反省、自己批判すべきなのだが、山下監督に「申し訳ない」と謝罪させただけで済ませてしまった。広島東洋カープ（広島）にしても、主力打者の金本知憲選手の抜けた後を埋めようともせず、総じて補強に消極的でチーム力の低下は目に見えていた。

こうした横浜、広島以上にペナントレースへの興味を減じさせたのは巨人の体たらくだった。松井秀喜選手が抜けたとはいえヤクルトスワローズにいた強打者ペタジーニを獲得するなど、巨人の実力優位は変わらず、優勝候補の筆頭とみられていた。しかし、巨人は予想を大きく裏切り、早々と「自力優勝」の灯を消してしまった。たしかに、主力選手のケガが響いた面もあったであろう。しかし、適材適所の選手を育て上げることをせず、他チームから有力選手を獲得してずらりと揃えるチーム編成の方法に、もろさの原因が潜んでいた。強打者ばかり揃えたからといってチームの総合力を高めるとは限らない。巨人のオーナーとフロント幹部も、走・攻・守の総合力をいかに高め、充実させるかというチーム編成の基本について無知というしかない。

阪神が独走できた裏に、こうした他チームのつまずきがあったことを忘れてはならない。もちろん、他力だけでなく自力もあって阪神が独走態勢を固めてきたのはいうまでもない。

一八年ぶりに優勝の可能性が大きくなってきたことで阪神ファンの熱狂ぶりはエスカレートするばかりだ。ただ、私は阪神ファンの一人として、そうした熱狂の渦のなかに身を置くことを躊躇する思いがある。

一つには、その熱狂ぶりに違和感を覚えるからだ。勝ち組に便乗して欲求不満の捌《は》け口として集団的熱狂に加わる「にわか阪神ファン」がかなりいるように思われる。それとともに、その集団熱狂には、なにか殺伐としたものを感じるし、ファシズム化してきた社会状況とも相通じている印象も受けるのだ。

また、肝心な阪神のチーム編成そのものにも重大な問題があると思う。要するに阪神は、巨人をそっくり真似て、金本選手に代表されるように他チームの主力選手を獲得してチーム編成をした。獲得した選手が活躍したことだけが巨人との違いだった。とにかく、巨人に追従して阪神も同様のチーム編成手法を採ったことで弱肉強食の思想が球界内で強まるのは間違いあるまい。

球団エゴのぶつかり合いの行き着く先は、球界の崩壊しかなかろう。すでに、「見せる野球」としての魅力を失い危機的状況に陥っているプロ野球は、大リーグによる積極的な攻勢を受ける

など して、崩壊を早めるだろう。

5　牛肉偽装事件と日本ハム球団

日本ハムの起こした牛肉偽装事件は、食品に対する一般消費者の信頼を根底から崩す重大な影響をもたらした。それにもかかわらず、日本ハムは、社会的責任についての認識を決定的に欠き、迅速かつ的確な対応ができずに事態を悪化させた。

事件による影響が広がるなかで、二〇〇四年から日本ハム球団を受け入れる札幌市にも大きな衝撃を与えている。日本ハムの本拠地となる札幌ドーム（株式会社札幌ドーム・資本金一〇億円）に五五％出資している札幌市には、市民などから厳しい声が寄せられているという。

「今度の事件で『日本ハム』の球団名も当然イメージが落ちてしまいましたから、市民をはじめ市議会議員などから球団名を変えるべきだ、という意見もかなりきています。いずれにしても球団を道民、札幌市民が受け入れるために日本ハムとしてなんらかのけじめをつけてもらいたいですね」（札幌市スポーツ事業課）

事件との関連で日本ハム球団にとられた措置は、大社義則オーナーの辞任だった。本社の会長を辞任した後も、「球団創設者であり、人一倍球団に愛着を持っている」という理由で、大社氏を球団オーナーとして留任させようとする動きがあった。しかし、事件の重大さとその社会的責任からそうした情実が通るわけもなかった。プロ野球コミッショナーも、水面下で大社氏のオーナー辞任を促したらしい。二〇〇二年九月二日、大社氏の球団オーナー辞任と小嶋武士球団社長のオーナー代行が正式に発表された。

小嶋球団社長は、大社オーナー辞任について、記者会見でこう述べている。「球団を持っている会社の不祥事は、社会的責任が非常に大きかった。厳粛に受け止めている」(『毎日新聞』二〇〇二年九月三日付朝刊)。

事件を起こしてから初めて社会的責任の重大さを知るというのは、球団オーナー、球団社長として稚拙としかいいようがない。その裏には、球団の持つ社会性や公共性を無視した親会社の企業論理がある。

日本ハムは、球団の赤字を埋めるために年間二〇~二五億円(推定)の資金援助をしているといわれる。その資金は、本社の宣伝・広告費として処理されていると見られる。つまり、親会社にとって球団は、企業の競技部と同様に会社のイメージアップや広告宣伝の道具でしかない。したがって、事件を起こした社会的責任は親会社ばかりでなく球団にもある、という考え方にはならない。

牛肉偽装事件の根は深く、また、新たな隠ぺい事件も発覚し、関係当局による真相追及が続けられている。その進展によって刑事事件として逮捕者のでる可能性もある。そうした状況のなかで、日本ハムは、大社氏らの辞任という人事面の処分で事態を収拾するつもりらしい。

球団も大社オーナーの辞任で問題は解決したと考えているようで、札幌ドームに移転準備室を開設し、二〇〇四年のスタートに向けて本格的に動き出した。

一方、札幌ドームの関係者は、頭を抱えている。

「せっかく球団が来てくれることになって盛り上げていこうとしているところに、水を浴びせられたという感じで残念です。球団を支援していく方針にかわりはありませんが、移転について日本ハムは地域に密着した市民球団的な考え方を示されたわけですし、市民の声を生かす球団になってほしいと思います」

オーナー人事だけで球団の社会的責任問題が解決したわけではない。事件の重大さから日本ハムのプロ野球への参加資格が問われるべきである。コミッショナーは、球界の正義を示す意味でも事件に関係した場合の参加資格をより厳格に考えて日本ハム球団に対して裁定を下すべきだ。

それとともに、今回の事件を契機に親会社の企業論理に従属する球団の有り様を根本から見直すべきであろう。

親会社ではなくファンによって支えられる球団になるためにはどのような改革をなすべきか、球界全体で真剣に考える必要がある。

6　横浜球場の裏口から逃げ出す砂原オーナー

「試合で負けるとオーナーは、人目を避けて球場の裏口からこっそりと逃げ出してしまう。オーナーとしてあまりにも情けない」

横浜ベイスターズ（横浜）を所有するＴＢＳ（ＢＳ―ｉを含めて株式保有率、六九・二三％）の社内から、そのような声が聞こえてきた。おそらく、砂原幸雄オーナー（ＴＢＳ会長）が、あまりに無惨なチームの負けぶりが恥ずかしく、穴があったら入りたい、という思いで、こっそり球場から逃げ出したのだろう。そのような砂原オーナーの逃げ腰の姿勢が球団運営にも影響し、二〇〇三年のペナントレースで、五位広島東洋カープに二三ゲーム差（一三日現在）での最下位という、惨めな結果を招いたのではないかと思う。

横浜の惨敗は、一球団の問題に止まらずセ・リーグ全体のペナントレースに対するファンの興味を大きく減ずる重大なマイナス影響を生じさせた。少なくとも、「申し訳ない」と山下大輔監督が謝って済む問題ではない。砂原オーナーをはじめ親企業であるＴＢＳの責任が厳しく問われなければならない。

振り返れば、横浜のオーナー企業になることを決めた時点で、ＴＢＳの企図に根本的な問題があった。ＴＢＳの経営者側は昨年の春、球団所有の理由について労働組合に、こう説明した。

「ベイスターズというソフトはマルチユースで展開できる。BS—iの意思もあり、一緒に取得した。地上波でも編成上に厚みがでる。イチローらの活躍で野球の人気は根強い。球界全体の盛り上げにもつながる。番組というソフトを購入するのは一時的であるが、ベイスターズというコンテンツは、継続性がある。局のイメージアップ、広告効果もあおり、TBSグループのシンボルとして社員の士気も上がるだろう」

TBS経営陣の説明に唖然とするとともに怒りを覚え、私は批判の文を書いた。その批判は現在も有効だと考えるので紹介させてもらう。

「ベイスターズを単に『ソフト』や『コンテンツ』と捉えるだけなら読売新聞・日本テレビグループの企業論理と何ら変わらない。テレビも利益を追求する企業であり、企業論理としてそうした考え方をするのは当然だ、という理屈もあろう。興行によって成り立つプロスポーツの球団を、オーナー企業は利益追求とともに宣伝の道具に利用する『企業スポーツ』として考えている。そうした企業論理から巨人を私物化している読売新聞・日本テレビグループは、その典型である。テレビは一般企業と異なり、限られた電波を使用しているのをはじめ、報道機関として権力監視、市民の知る権利に応えるなど公共的性格が強く社会的責任も重い。そのテレビがプロ野球の公共性を無視して自社の利益追求を理由に球団を私物化するのは、大いに問題である。それとともに、球団オーナーになることによって、プロ野球界に起きる様々な問題に対してテレビの報道機関としての批判機能が阻害される危険性は大いにある』(『放送レポート』二〇〇二年五・六月号)

プロ野球の持つべき社会的、地域的な存在意義を無視し、番組ソフトやコンテンツとしてしか捉えない、軽薄な考えのTBSにまともな球団運営ができるわけはないのだ。実際に、前オーナー企業のマルハ時代から居座りつづけ、保身しか考えない無能なスタッフやTBS関係者の個人的介入、学閥人事などによって球団フロントは、ガタガタで、まともなチーム編成ができる状態ではない。そうしたフロントの体制や体質を改革する動きはなく、また、今シーズンの無惨な結果の責任をピッチングコーチの交代ですべて済ませようとしている。これでは、来シーズンも同じ過ちを繰り返すだけだ。

最後に、TBS関係者の悲鳴を紹介する。

「ベイスターズを盛り上げようと努力しても肝心の砂原オーナーはプロ野球に興味がなく、やる気もない。カネがないから選手補強も難しい、という。これじゃあ、どうしようもない。いっそのこと、TBSは、球団経営から撤退した方がいい」

7 根来・新コミッショナーを覆う巨人の影

二〇〇四年二月一日、川島広守氏に代わって根来泰周氏がプロ野球コミッショナーに就任した。

根来氏で一一代目ということだが、その名前をすべて挙げられる人はほとんどいないだろう。自らの意見を持ち、コミッショナーとしての存在を示したのは、せいぜい数人で、その他は「飾り物」や「傀儡」でしかなかったといえよう。

原因は、渡邉恒雄・読売巨人軍オーナーの「傀儡」と見られていた前任者の川島氏をはじめ歴代のコミッショナーの人選について巨人がさまざまなかたちで関与してきたことにある。

象徴的なのは、一九四九年二月、初代コミッショナーに巨人オーナーの正力松太郎氏（警視庁警務部長から読売新聞社長）が就任したことだ。巨人の創設ばかりでなくプロ野球連盟を結成するなどの実績から正力氏がコミッショナーになるのは、当時としては、当然と考えられていた。しかし、「戦犯」の経歴を理由にGHQから反対された正力氏は、わずか三ヶ月でコミッショナーを辞任せざるを得なかった。正力氏は、コミッショナーを辞めた後も「日本野球連盟」会長として、以前と変わりない強い影響力を持ち続けた。そうした経緯から、正力氏以後のコミッショナーの存在感はまったく薄くなった。

それとともに、プロ野球の「盟主」を自負する巨人の意向に沿う人物がコミッショナーに選ばれることになった。巨人の意に反したために辞任させられたコミッショナーもいたが、それは例外中の例外だった。

今回の交代についても、巨人の「傀儡」といわれた川島氏が推した人物ということから根来氏も巨人に対して「イエスマン」であるに違いない、と大方は見ている。

今やプロ野球は、人気下落をはじめ山積する問題を抱え生き残りのかかった、深刻な事態に直面している。それにもかかわらず、プロ野球界の最高権威者であるコミッショナーの交代に対して「だれがなっても事態は変わらない」と、ほとんど期待がかけられないというのはあまりにも情けない。

日本のプロ野球界は、いわばムラ社会で外に向かって開かれていない。それゆえに外からの批判を受け付けず、影響力のあるオーナーによって勝手にルールが歪められたりする。それを黙認してきたことからルールの守り役というコミッショナーの存在意義は一層失われてしまったのだ。

現在、労働組合選手会は、球団側を相手取って東京都地方労働委員会に不当労働行為救済申し立ての訴えを起こしている。いまさらいうまでもないことだが球団と選手とは、労使の関係である。しかし、野球協約では、労使の対等な関係は無視され、球団側が選手を拘束できるような規程になっている。そこで、選手たちは、球団側と対等に交渉できる立場を確立するために労働組合を結成したのだ。それでも、渡邉オーナーのように選手会を労働組合として認めない者もいる。その結果、選手会がさまざまな要求や提案をしても球団側はまともな対応をしない。コミッショナーが本来の役割を果たしていれば、選手会の提訴にまで紛糾させないで済んだはずだ。

逆指名によって骨抜きにされたドラフト制度、代理人制度、FA（フリーエージェント）制度などについて労使ともに納得できるまともなルールに改正すること、また、大リーグとの関係が密接になってきたことから、選手の契約に関する新たなルール作りも緊要な課題になっている。

たとえば、大リーグ・マリナーズを退団した佐々木主浩投手は日本の球団との交渉を従来と同じアメリカの代理人にまかせた。そうした外国人代理人についてどう対応するのかプロ野球には明確なルールがないことから実際に混乱を招いている。選手の契約は金銭も絡むことであり明確なルールが不可欠になってきている。こうしたことを含めて根来氏に望みたいのは、球団、選手会双方が納得できるものに野球協約を改正するとともに、それを遵守して運営するようにプロ野球界を指導していくことである。

8　七〇年続いたプロ野球物語の中断

二〇〇四年七月七日のプロ野球オーナー会議では、オリックス、近鉄両球団の合併承認に止まらず、一リーグ制への方向付けがなされるであろう。

というのも、オリックスオーナー・宮内義彦氏が描いたシナリオは、合併を契機として一リーグ制へと球界を再編成する、というものだからだ。もちろん、オーナー会議議長の渡邉恒雄・巨人オーナーや堤義明・西武ライオンズオーナーらは、このシナリオに賛同している。渡邉氏ら何人かのオーナーが口にしているようにシナリオの結末は、「八球団、一リーグ制」である。

それにしても意表を突くような印象を与えたのは、合併の表面化と同時に日本経団連会長・奥田碩氏が合併を支持するばかりでなく、「八球団、一リーグ制が望ましい」と発言したことだった。財界のトップが球界問題に間髪を入れず反応するのは異例のことだ。奥田発言の含意は、おそらく宮内氏のシナリオをバックアップすることだろう。

新自由主義の経済政策によって日本企業はリストラに象徴される徹底したコスト削減や合併などの経営合理化を進めている。それだけに親会社だからといって赤字を累積するだけの球団に資金援助し続けることは難しくなってきた。そうした企業の実情から、「八球団、一リーグ制」という、縮小再編成案が考え出されたのだろう。換言すれば球界が生き残るにはそれしかないということだ。いずれにしても、創設から七〇年を経て、これまで作り上げられてきたプロ野球の物語はここで中断せざるを得なくなったわけである。この先、球界再編によって新たな物語を作り上げられるかどうか前途は多難だ。

現在の球界は、権力関係に象徴されるようにきわめて歪んだ集団といえる。周知のように、球界結成から現在にいたるまでの歴史は日本独特のものであり、一貫して巨人が権力を一手に握り、他はそれに追従するという関係になっている。

絶対的な権力をバックに巨人は、優勝劣敗の競争原理を掲げ、球界という集団の全体的な発展に不可欠な公平、公正なルール（ドラフト制など）を骨抜きにし、「一人勝ち」の構造を作り上げた。その結果、球界は、巨人中心主義に支配される歪んだ集団になってしまったのだ。そのいびつさに嫌気がさしたり反発するファンがどんどん離れていきプロ野球の地盤沈下を引き起こしている。

形ばかりの球界再編成では、地盤沈下に歯止めをかけることはできないだろう。少しでもファンの信頼を取り戻すには歪みを徹底的に正す必要がある。肝要なのは、巨人中心主義による権力関係を根本から打ち壊し、公平、公正なルールを新たに確立することだ。

選手会・労働組合の意見を積極的に反映させていくべきなのは当然である。球団所有企業が自己利益追求のためのご都合主義ですべてを決め、選手をないがしろにするようなことは許されない。

「小異を捨てて大同についてほしい」と一リーグ制への意向を強調する渡邉氏に思い起こしてもらいたいのは、球界を創設するに当たって正力松太郎氏が抱いていた思想だ。それは、「利行は一法なり、あまねく自他を利するなり」という曹洞宗の開祖・道元禅師の言葉だった。他を利してこそ自らも利することができる、という思想に基づいて正力氏は他企業を説得し球界設立を実現したのだ。

渡邉氏は、まず正力氏の思想に照らして自分を利することばかりを考えてやりたい放題のことをやってきたことを猛省すべきであろう。そうしなければ、渡邉氏が「小異を捨て大同につけ」と強調しても、いつもの強圧的な脅しとしか受け止められず、真の納得は得られないだろう。

渡邉氏をはじめとするオーナーたちがこれまでの意識を引きずるか、あるいは従来とは断絶した新たな意識を持つか、それによって球界再編の方向や意義も大きく変わってくるはずだ。とりあえず七月七日のオーナー会議の成り行きを注視したい。

9　渡邉恒雄氏の軍門に降った堤オーナーの重罪

二〇〇四年七月七日のプロ野球オーナー会議のハイライトは堤義明・西武ライオンズオーナーの衝撃的な発言だった。オリックスと近鉄の合併についての議事終了後に堤氏が「もう一組の合併話が進行中である」と報告した。

堤氏がオーナー会議に出席するのは二六年ぶりということで、存在をアピールするために何らかのパフォーマンスを考えているであろうとは思っていた。それが先の発言だったわけである。そして、記者会見で堤氏は、一リーグにすがるしかないことを訴えた。

「近鉄とオリックスの合併が決まり、パ・リーグ五球団でリーグ戦を始めてからどこかのチームが脱落したら、パ・リーグは壊滅的になる。先手を打って四チームとし、セ・リーグに一緒にやってくれとお願いする方が賢明ということです」

堤氏は、西武ライオンズも対象に含めて、もう一組の合併を進めていることも明らかにした。堤氏自らが合併話を公にしたことから見て、西武ライオンズを合併の一方のチームと考えているのは間違いない。

西武ライオンズに詳しい関係者は、堤氏の合併話がプロ野球からの撤退を意味している、と見る。

「球団の赤字は拡大する一方で、グループ企業も経営状態が悪化し球団を支えるどころではなくなった。堤氏は、球団経営から撤退したいと考えており、時期を見計らっていた。そこにオリックスと近鉄の合併という事態になり、西武ライオンズも合併でコスト削減を計る、堤氏はそう決断したのだと思います。それは、実質的に堤氏がプロ野球界から撤退するということでしょう」

それにしても、渡邉氏にへつらい一リーグにすがる堤氏の姿は、惨めに映った。球場新設や西武線拡張に巨額を投じたのをはじめ、大リーグに模したフロント重視の球団運営、青天井とまでいわれた潤沢な資金による有力選手の獲得など、堤氏は球界の常識を破る斬新かつ大胆な経営を展開した。そして一九八〇年代から九〇年代に西武ライオンズは、黄金期を築き上げた。

そうした実績にもかかわらず、堤氏はオーナー会議に出席することもなく、表だって球界のリーダー役を果たすことはなかった。

「堤氏が心から好きなのは、ウインタースポーツで、野球にはあまり興味はない」とか「堤氏は、球場経営にはビジネスとして興味を持っているが球団ビジネスに興味はない」といったこともいわれた。

プロ野球に関して堤氏の言動が注目されたのは、九〇年代になってから。西武ライオンズをはじめパ・リーグ球団の人気凋落の事態打開策として渡邉氏に一リーグ制への再編を提案したことであった。

チームの実力に人気がついてこなかった原因の一つに堤氏の傲岸不遜さに対する反発があったのは、間違いない。監督に対する「来季もやりたければやれば」という堤発言がごうごうたる批判を浴びたことを記憶している人も多かろう。

また、九〇年五月、JOC（日本オリンピック委員会）会長を突如辞任した時、堤氏は、こう述べた。

「JOC会長を辞めるか、会社を辞めるかどちらかだが、私は食べていくために会社を選んだ」

その言葉とは裏腹に堤氏は会長を辞任した後も院政を敷いてJOCに影響力を持ち続けてきた。それればかりでなく、堤氏は、スキーやアイスホッケーの競技団体を牛耳り、自ら統帥するグループ企業のスポーツ・レジャー事業の利益につなげてきた。しかし、グループ企業の経営悪化ばかりでなく、中核的企業の西武鉄道が起こした不正事件で会長辞任に追い込まれ、堤氏は経営者としてはもちろん広く社会的信頼を失った。

自ら合併を進め一リーグ制に道をつけることで堤氏は、せめてもの自己アピールをしたかったのであろう。しかし、プロ野球界に一石を投じるどころかあっさりと渡邉氏の軍門に降ってしまったことで渡邉氏の権力をより強化してしまった堤氏の罪は重大だといわざるを得ない。

10　プロ野球問題を巡る『読売』と『朝日』の因縁

今起きているプロ野球の問題をあれこれ考えるとき、球界創設に当たって『読売新聞』元社長・正力松太郎氏が主導権を握ったことが現在にいたるまで影響し続けていると痛感せざるを得ない。

象徴的なのは、一九三六年の「日本職業野球連盟」創立時、加盟した七球団のうち四球団が新聞社の所有ということだ。それは、『読売新聞』（東京巨人軍）、『国民新聞』（大東京軍）、『新愛知新聞』（名古屋軍）、『名古屋新聞』（名古屋金鯱軍）である。

新聞社が球団を持てば、当然、紙面を通して自チームの宣伝を競い合う。そして一気にプロ球団の存在感が高まる。正力氏が同業者に加盟を呼びかけた狙いはそこにあった。

戦後、プロ野球が復活される過程でも、正力氏は、『毎日新聞』を加盟させることを強く推した。正力氏は、『毎日』を入れて一〇球団一リーグでスタートし、二年後には二球団増やして各六球団の二リーグ制にする、という構想だった。

しかし、『毎日』の加盟への反対や他社の加盟希望が相次ぎ、正力氏は、二リーグ制を敷くことで『毎日』の加盟を認めさせた。セ・リーグは『読売』、パ・リーグ（当時は太平洋野球連盟）は『毎日』がリーダーシップを握るという正力構想が実現したのだ。

『毎日』が新球団を作ってプロ野球に参加していく過程で、実は『朝日新聞』も参加へと動いた。創設期、そして戦後もプロ野球に深く関わり、長年セ・リーグ会長を務めた鈴木龍二氏（故人）の回顧録（ベースボール・マガジン社）には、『朝日』の動きについて、こう記されている。少し長くなるが引用してみる。

「大阪朝日新聞社を公に代表して、当時大阪朝日の運動部長だった芥田武夫氏がぼくを訪ねて来た。大阪朝日でも、本社が直接やるわけにはいかないが、販売店六社が主体になって、プロ野球を作ろうか、という話が重役会で出た。プロ野球団を持つことについて意見を聞かせてくれ、と訪ねて来たのであった。

『読売と毎日が球団を持って二リーグになれば、一般紙のほかに当然スポーツ紙が出てくる。プロ野球を持っている新聞社の記事は公正に書いても、色がついていると思われるかもしれないし、公正な記事が少なくなる恐れがある。ファンが公正な記事を必ず求めるときがくる。公正な報道をするのが朝日の使命ではないか。ぼくなら球団は持たないね』とぼくが言うと『これはいいことを聞かせていただきました』と言って芥田氏は帰って行った。

ぼくの言葉を聞いたからでもなかろうが、朝日はプロ球団を持つのをやめた」

鈴木氏は、『国民新聞』の政治部記者として腕を振るい、社会部長も務めた。そうしたジャーナリズムでの経験から、『朝日』に「球団を持つことではなく、公正な報道こそが必要だ」と説く見識を示し得たのだろう。

鈴木氏の卓見は、その後、何度となく証明されることになった。『読売』の経営陣は、新聞の影響力をバックにプロ野球界を牛耳り、機構を私物化し制度を壊し巨人一極体制を作り上げてきた。そうした『読売』の横暴に対して『朝日』は批判報道を行なってきた。そして、今、『朝日』は、傲岸不遜に単独行動主義を押し通す渡邉恒雄・読売新聞グループ本社会長（巨人オーナー）に対して批判的論戦を仕掛けている。

『朝日』は、オリックスと近鉄の合併、二リーグか一リーグか、労組選手会のストなどについて七月一八、一九日に世論調査を行なった。その結果は、合併には時間をかけて検討すべきが五〇％、二リーグ制維持七〇％、ストライキ支持五九％などであった。渡邉氏は、この結果を完全に無視したばかりでなく『朝日』への反発を顕わにしている。

権力化し強い影響力を発揮する『読売』が球団を所有していることの弊害は、今や極まったといえる。その弊害をどこまで正せるか、そして九月のオーナー会議に影響を与えられるか、これからが『朝日』にとっての正念場といえよう。

11　松井を呼ぶために渡邉オーナーがやったこと

プロ野球・パ・リーグの開幕直後という時に、MLB（大リーグ）、同選手会、日本野球機構、『読売新聞』の主催によるデビルレイズ対ヤンキースの公式戦や両チームと巨人、阪神とのプレ・シーズン戦が東京ドームで行なわれた。これは、パ・リーグの公式戦をとことん軽視した異常な出来事といわざるを得ない。

デビルレイズとヤンキースは、パ・リーグ開幕日の二〇〇四年三月二七日に来日し、二八日デビルレイズ対阪神、ヤンキース対巨人、二九日阪神対ヤンキース、巨人対デビルレイズ、以上のプレ・シーズン戦、そして三〇日、三一日両日の公式戦を行なった。

このように、パ・リーグの公式戦にぶつかる非常識な日程をなぜ組んだのか。主催者になっている日本のコミッショナー事務局関係者は、こう説明する。

「二〇〇三年八月ぐらいから大リーグ・コミッショナーとの間で日程の調整をはじめ三ヶ月ぐらい掛かってまとまりました。大リーグ側は、単独行動主義でかなり強引でした。過去にマリナーズ対カブス戦が駄目になってしまった例もあるぐらいです。しかし、日本側も大リーグのいうことをすべて受け入れるのではなく、公式戦の前にやってほしい、と注文しました。しかし、球場側の希望やパ・リーグのプレーオフ制によって開幕が前倒しになったことなどもあって重なってしまったのです」

これに対してパ・リーグ事務局の見解は、まったく異なる。

「プレーオフ制と全日程を決めたのは大リーグの公式戦が決まるずっと前の二〇〇三年の昨年五月です。コミッショナーの方でそういう言い方をするのは、日米の国際問題などもあるので苦しいところなんでしょう。パ・リーグとしても仕方ないということで、開幕戦の前日、開幕戦当日を避ける条件を出しました」

どう見ても大リーグ公式戦を優先して日程が組まれたのは間違いない。パ・リーグの公式戦を軽んじるコミッショナーとしてあるまじき決定をした裏に、主催者に名を連ねた渡邉恒雄氏率いる『読売新聞』グループの圧力が働いていたのではなかろうか。というのも、もともと読売新聞グループが大リーグ公式戦の招聘に必死だったからだ。その辺の事情について、信憑性の高い情報がある。

『読売』グループとしては、なんとしても松井秀喜選手の所属するヤンキースの公式戦を招きたかった。しかし、ヤンキースは、日本で持ちゲームである公式戦を行なう意思はさらさらなかった。そこで、『読売新聞』グループは、デビルレイズの持ちゲームであるヤンキース戦を狙った。それでもヤンキースが拒み続けたために交渉は難航した。結果的に決着までに時間がかかり、パ・リーグの公式戦とぶつかるような日程になってしまったという。

最高がS席二万五〇〇〇円（巨人の公式戦五九〇〇円）から最低の外野席でも五〇〇〇円（同一八〇〇円）という高額のデビルレイズ対ヤンキース公式戦チケットは、発売後数時間で完売になったという。

パ・リーグ公式戦を度外視して自己利益の追求に徹した『読売』グループの狙いは見事に当たったわけだ。その結果は、反面で危機的状態のパ・リーグに追い打ちをかけるように一層のダメージを与えることとなり、「読売新聞によるパ・リーグつぶし」という声すら聞かれた。渡邉氏の強調する弱肉強食の論理に同調して最近、阪神の久万俊二郎オーナーまでが「観客が減ってきているのに対して球団が多すぎる」と、暗にパ・リーグ球団淘汰の必要を示唆した。

「確かにパ・リーグが危機であることは事実ですが、オーナーの間で存続のために結束することを確認しています」

その言葉には、生き残りを賭けたパ・リーグ球団の悲壮感がこもっている。自己中心主義に徹してプロ野球機構を形骸化し、球界を分解しようとする巨人の動きにパ・リーグ球団は果たしてどこまで耐えられるであろうか。

12　労組選手会が経営側に打ち込んだ楔

労働組合・日本プロ野球選手会（労組・選手会）がストライキを実施するかどうか、という事態を前にして眠っていた意識を覚醒させられるような思いがあった。

「統合」という言葉で実態をカモフラージュしている企業の合併、そしてそれに伴うコスト削減、大量の首切り、などが常態となっているなかで、「スト」という言葉は、タブーの世界に封じ込められ、まったく実体を失ってしまっている。それだけに、労組・選手会がストライキ実行の意志を固めたことは、眠りを覚まさせる衝撃性を持っていたのだ。

日本プロ野球組織（ＮＰＢ）との団体交渉の結果、労組・選手会は、二〇〇四年九月一一、一二日のストライキを実施しないことを決めた。

また、団体交渉での合意事項で残された詰めるべき重要な点についてＮＰＢがどう対応するかによって、労組・選手会は九月一八日以降のストライキ実施か否かを決める、としている。いうまでもなく、最大のポイントは、今後の交渉で「合併」について妥協の可能性が出てくるかどうか、ということであろう。

プロ野球界では、過去に球団の安直な合併や売買がさまざま行なわれてきた。そうしたことがなぜ「安直」にできたのだろうか。そこに日本のプロ野球球団の特質が隠されている。その特質は、プロ野球草創期の戦前から形成されたものなのだ。

「評論家大井広介も述べているように、戦前のプロ野球チームは一つの会社としての体裁は整えているものの純粋な『企業として発足しなかった』のであり、『新聞乃至電鉄の宣伝費から捻出され、企業としてとりあげられたものではない』といえよう」（菊幸一著『「近代プロ・スポーツ」の歴史社会学』不昧堂）

正力松太郎・読売新聞社長（当時）は、自社の宣伝、部数拡大を狙って一九三四年に巨人を創設した。正力氏の呼びかけに応じて球団を創設した新聞や電鉄会社も同じ考えだった。

自社宣伝や営業拡大の道具として球団を位置付けるという企業の考え方は、戦後も一貫して継承されてきた。アメリカ・大リーグ球団の形成過程と比較すると、日本の球団の特異性がよくわかる。

「米国が日本よりもチームの共存共栄によって利益を高めるような仕組みになっている一つの理由は、個々の経営母体の性格の相違によるのである。すなわち、『アメリカの場合はプロ野球の球団は都市チームであるのに対し、わが国においては企業チームである。アメリカの場合は、地域社会の大金持ちが資産を投じてオーナーになっているという場合が多い。いわば地域社会への一つの貢献の形態である。これに対して日本の場合は、球団が企業チームであるから親企業の経営となんらかの関係をもって』おり、その利害関係から逃れられない運命にあるのである」（前著。『　』内は、小林好弘著『プロ野球の経済分析』河出書房新社からの引用）

オーナーの有り様などの変化はあるにしても、大リーグ球団の地域との関係、とくに「地域社会への貢献形態」という基本は揺らいでいない。日本でもタテマエとしては球団のフランチャイズ制が採られている。しかし、実態は親企業のご都合主義で、いい加減に地域が利用されているにすぎない。

オリックスと近鉄の合併から始まったＮＰＢと労組・選手会の対立がどのように収拾されるか予測できない。ただ、明確なのは、戦前から一貫した「企業チーム」という球団の有り様を変える、という改革的な発想が双方にまったくないことだ。

どう決着するにしても、球団が「地域社会への貢献形態」になることは、難しいといえよう。別のいい方をすれば、プロ野球は、いつまでも文化としての価値を形成できないということだ。経済イデオロギーばかりでなく、ナショナリズムにも侵蝕され、スポーツはいま重篤の状態だ。そこから救い出すためには、どのようなスポーツの有り様が理想なのかを探り、議論するしかないだろう。

13　企業チームから脱却できない楽天の限界

日本プロ野球組織（NPB）は、来シーズンからプロ野球に新規参入する球団に楽天を選んだ。NPBの判断基準は、ライブドアより楽天のほうが「企業体力」や「経営安定」の面で優位である、というありきたりのものだった。この選択は予想どおりでもあった。

なんら指摘されてはいないが球団の経営顧問に奥田碩・日本経団連会長ら財界の首脳陣を据えた三木谷浩史社長の戦術は効果的だったに違いない。NPBのオーナー会議メンバーとしても財界トップらのお墨付きを得た楽天を選ばないわけにはいかなかったのではないか。

別の見方をすれば、三木谷氏は、財界の「先兵」として球界に参入したとも言えるのではなかろうか。奥田氏らを引き込むばかりでなく三木谷氏は自身の日本経団連入りも狙っているらしい。財界との繋がりから楽天の球界入りを胡散臭いと感じている人が多いのも当然だろう。

「企業中心ではなく仙台が誇れるチームをつくるのが我々のミッションだ」と三木谷氏は、地域密着型のチーム作りを強調。GMに就任したマーティ・キーナート氏も大リーグをモデルにして地元ファンへのサービスを重視した球場づくりなどの構想を抱いているらしい。

しかし、「企業中心ではない」と言いながら、「東北楽天ゴールデンイーグルス」としっかりとチーム名に企業名を入れている。

三木谷氏は、IT企業としての特性を生かしてインターネットを駆使する新しい営業などによって「四年後は黒字経営にする」と意欲を見せている。要するに、楽天のチームは、時流に乗った業種というだけで、企業チームであることは既存の球団となんら変わりはない。

球界を革新するような新しい風を吹き込むというのであれば、企業名を外して地域チームであることを徹底する必要がある。いくら大リーグを模倣してファンサービスをしても、企業チームであるかぎり地域が誇れるチームなどできるわけはない。

それでなくても、消費者（ファン）は、娯楽商品としての価値について厳しい評価を下し、プロ野球から離れている。そのうえ、親企業の相次ぐ不祥事や経営問題などでプロ野球のイメージは落ちるばかりだ。一二球団体制を維持できて球界は安泰だ、などとは到底言えない。

ダイエーが産業再生機構の支援を受けることになり、球団身売りの可能性も出てきた。

そのうえ、西武ライオンズの身売り話が発覚した。有価証券報告書虚偽記載の不祥事によって西武鉄道の株価は半値以下に急落、同株を保有していたコクドは大打撃を受けた。そこでコクドは、急遽、資金調達のために球団売却に動き出したということらしい。

企業チームであるかぎり、親企業のつまずきで球団が転んでしまうのは避けられない宿命だ。不正な裏金供与で巨人ばかりでなく、横浜ベイスターズ、阪神タイガースのオーナーたちも次々と辞任するという前代未聞の事態まで起きた。ところが当の球団では事態を深刻に受け止めることなく、あっさりとオーナーの首をすげ替えるだけで事を収めてしまった。これほどまでに腐敗堕落した企業体質は、容易に変えられるものではない。真剣にプロ野球のあるべき姿を追求するのであれば球界を解体するぐらいの荒療治しかあるまい。

2章　オリンピックの光と影――繰り返されるオリンピック狂想曲

1　五輪支持に方向転換した『読売新聞』の狙い

二〇〇二年九月上旬に開かれたＪＯＣ（日本オリンピック委員会）理事会で、「『読売新聞』が『ＪＯＣオフィシャル・パートナーシップ・プログラム』（以下、オフィシャルパートナー）の契約を結ぶ」という報告があった。

この報告を大きく取り上げた報道はほとんどなかったが注目に値する話題といえる。

ＪＯＣのオフィシャルパートナーというのは、一九九八年の長野冬季オリンピック以後に始められたマーケティング活動である。ＪＯＣ作成のパンフレットにその概要が次のように説明されている。

「ＪＯＣ及び日本代表選手団に関する権利ならびに選手強化キャンペーンに関する権利（ＪＯＣ加盟競技団体の協力を得て登記登録選手・役員の肖像を使用できる権利）等があり、参加するオフィシャルパートナーは、JOC及びJOCが派遣する国際総合競技大会の日本代表選手団に対する専門的ノウハウや資金の提供を通じ、日本代表選手団への支援とオリンピックムーブメントの推進に協力いただく国内最高のパートナーとして位置付けられている。」

オフィシャルパートナーの協賛金は一社二億円で、すでにスポーツグッズメーカーをはじめトヨタ自動車、野村證券、キリンビールなど一一社が参加している。そこにメディアとして『読売新聞』だけが加わる。それにしても、二〇〇一年から二〇〇四年までのプログラムに、なぜ今の時期に『読売新聞』は参加を決めたのであろうか。

二〇〇二年韓日共催サッカーワールドカップのオフィシャルパートナー（国内）に参加し、「オフィシャルニュースペーパー」としての権利を宣伝から販促にいたるまで徹底的に利用した『朝日新聞』に刺激されたのは間違いなかろう。

二〇〇二年以降にJOCが日本代表選手団を派遣する国際競技大会は、二〇〇三年にユニバーシアード（冬季、夏季）、アジア冬季大会（青森）、二〇〇四年にアテネ・オリンピックである。したがって、『読売新聞』の最大の狙いがアテネ・オリンピックにあることは明らかだ。

二〇〇〇年のシドニー・オリンピックの際、野球の日本代表チームに巨人選手を出さなかった渡邉恒雄オーナー（読売新聞グループ本社社長）が、二〇〇二年になって方向転換した。二〇〇二年二月に開かれた「燦燦会」（財界人の巨人応援組織）のパーティーの後、渡邉オーナーは、アテネ・オリンピックについて報道陣にこう語った。

「松井に旗手になってもらい、金メダルをとってもらいたい。アテネではアマチュア野球と協力する。やるからには勝たないと。松井も清原も高橋由伸も、他チームもエース級をどんどん出せば、金メダルをとれるだろう」

「松井」を強調したこの発言は、今シーズン中にFA（フリーエージェント）資格を得る松井秀喜選手を、巨人に慰留させようとする渡邉オーナーの狙いをさらけだした。それとともに、渡邉氏は、オリンピックで日本代表チームや選手が金メダルをとることへのこだわりを露わにした。

渡邉氏は、こう考えているのではないだろうか。国民国家の「国民」は、国内でいくら活躍してもあまり関心を示さず、国際舞台での日本代表の活躍によって、「日の丸」掲揚と「君が代」吹奏に一体となって感動する。要するにオリンピックやサッカーワールドカップなどの国際競技大会は、「国民」の関心の強さから国民統合に結びつき、同時に国威発揚の絶好の舞台にもなる、と。最高責任者として『読売新聞』を国家主義に傾斜させている渡邉氏の思想からみても、そうした捉え方をしてもおかしくない。

アテネ・オリンピックで『読売新聞』は、国民統合、国威発揚の思想に基づいて、巨人選手が中心になるものと予想される日本代表チームをはじめとして日本選手団を、総力挙げて盛り上げるつもりだろう。もしそうなった場合、最大の発行部数の『読売新聞』の影響力を考えると、日本の国家主義への傾斜に拍車がかけられる危険性は大いにある。

2 「人寄せ長嶋」めぐる堤、渡邉両氏の確執

話題には事欠かない長嶋茂雄氏を巡って、またぞろ騒ぎが巻き起こっている。その発端は二〇〇三年三月一一日朝、NHKが長嶋茂雄氏のJOC（日本オリンピック委員会）特別顧問就任を報じたことだった。

JOC事務局の幹部のところに新聞関係者からNHK報道の真偽についての問い合わせが殺到し、騒ぎとなったらしい。当の幹部によると、そうした事実はなく、NHK報道は寝耳に水のことだったという。

なぜ、NHKが事実に反する報道をしたのか。どうやら、理事の一人が仕掛け、それに理事会幹部が乗っけられて、「長嶋・特別顧問」という話になってしまい、長嶋氏と親しいNHK関係者がその話をキャッチし報道した、という経緯らしい。

長嶋氏をJOCに引き入れようという話は、半年前ぐらいから持ち上がっていたという。その背景には、全日本アマチュア野球連盟からJOC理事に入っていた松永怜一氏の定年引退（二〇〇三年三月末）に伴う後任問題があった。

しかし、同連盟の山本英一郎会長は、長嶋氏の就任に反対した。

「長嶋ではなく王貞治（福岡ダイエーホークス監督）の方がいい」と山本氏がいったとも聞い

ている。

決定的なのは、ＪＯＣに絶対的な影響力を持つ堤義明ＪＯＣ名誉会長が、「長嶋のＪＯＣ理事はだめだ。いずれプロ野球コミッショナーにするんだから」と反対したことだ。ＪＯＣの人事は堤氏の意向で決められており、堤氏の反対で長嶋氏のＪＯＣ理事話は吹っ飛んだ。

それでも、なんとかして長嶋氏を担ぎ出して自分への評価を上げようと企む理事がいて、竹田恒和ＪＯＣ会長や理事会幹部を巻き込むために画策した。その理事は、竹田会長・長嶋会談をセッティングしたり、ある酒席で酔っぱらった理事会幹部から「長嶋をＪＯＣ特別顧問にする」との言質を引き出したりした。

こうした経緯から明らかなように長嶋氏の「特別顧問」は、結局、酒席での無責任発言でしかなかった。長嶋氏の件について三月二六日の理事会で提案される、と報道されているが、事務局では、これも否定している。ただ、一般の人からほとんど無視され、存在感が希薄になってしまったＪＯＣとしては、長嶋氏の人気にあやかり、「ＪＯＣの顔」になってもらいたい思いがかなりあるらしい。そこで四月以降に、なんらかの肩書きをつけて長嶋氏をＪＯＣにかかわらせることにはなりそうだ。

一方では、ＪＯＣとスポンサー契約した読売新聞グループ本社（渡邉恒雄社長）が、長嶋氏をＪＯＣにくい込ませてビジネスに利用しようと狙っているのではないか、との憶測も流れている。今後、長嶋氏を巡って堤氏と渡邉氏とがそれぞれの思惑をもって駆け引きすることになるのではなかろうか。

いずれにしても、アテネ・オリンピックの野球・日本代表チーム監督就任といい、今回のJOCとの絡みといい、長嶋氏を「人寄せパンダ」的に体よく利用しようとする思惑が透けて見える。長嶋氏本人は「それでもよし」と思っているらしいから仕方がないが。とにかく、長嶋氏を巡る浅はかな人事騒動を見ても明らかなように、JOCという組織の体たらくぶりはひどすぎる。JOCとして今、何をなすべきか、ということをまったく見失っているのだ。

米国・ブッシュ政権のイラク攻撃強行に反対している政府を支えるように、ドイツではオリンピック・メダリストなど五〇〇人以上の現役、元のスポーツ選手たちが「イラク戦争反対」のアピール署名を国連に提出したという（二〇〇三年二月二〇日付『しんぶん赤旗』）。それに引き替え、JOCや競技団体は、イラク戦争を既定のこととして日本人選手の安全ばかりを強調するだけで、戦争によって命を奪われるイラクの民衆（もちろんスポーツ選手を含めて）のことを想像だにしていない。今、スポーツにかかわる個人はもちろんのこと組織としても、「イラク戦争反対」の声を上げねばなるまい。

3　JOC会長に年俸一五〇〇万円の裏事情

JOC（日本オリンピック委員会）は、二〇〇三年五月一日の理事会で、会長、専務理事、常務理事に報酬を支給することを決めた。報酬は総額を上限五〇〇〇万円とし、その枠内で竹田恒和会長が具体的な額を決める。五〇〇〇万円の総枠のうち、ボランティアを原則とする理事のなかで一人だけ有給の文部科学省から天下った福島忠彦常務理事の給与も含まれている。それを除いた金額が竹田会長をはじめ、林務専務理事、遅塚研一（日本アイスホッケー連盟副会長）、市原則之（日本ハンドボール協会副会長）、福田富昭（日本レスリング協会会長）各常務理事などに支給される、という。ただし、支給対象や支給金額について意見の相違などもあり、現時点では最終的な決定にいたっていない。理事全員ボランティアであるにもかかわらず、福島氏だけ有給だったということ自体問題なのだが、その点は後で触れる。

今回の有給制導入について竹田氏は、一言も発言せず会長としての説明責任をまったく果たしていない。

それもそのはずで、この有給制は、竹田氏を資金援助しようという話からはじまったことだから、自ら説明のしようがないわけである。竹田氏は、東京都内で経営している旅行会社が厳しい状態であるのに加え、ＪＯＣ会長としての役割を果たすために多くの時間を割かなければならない。そうした竹田氏の窮状を見て、資金援助しようという動きが出てきた、という。その経緯はおおむね以下のようなことらしい。

最初に動いたのは、竹田氏の出身である慶應義塾大学ＯＢの電通関係者で、竹田氏を支援する資金づくりのために電通が新たな企画をＪＯＣに提供する、という話だった。しかし、その企画は実現せず、結局、JOCの幹部が動き「資金的に余裕がある」としてJOCの資金で竹田氏を援助することになった。といっても、竹田氏だけに報酬を出すのは不自然であり、「報酬はいらない」という理事を強引に説得して専務理事や常務理事にも出す形にした。

要するに今回の有給制は、竹田氏個人への資金援助をJOCの制度という形に偽装したものだ。JOC会長に就任したのは竹田氏自身の意思である。会社経営とJOC会長を両立させるのが時間的、経済的に無理というのであれば、JOC会長を辞任すべきであろう。竹田氏でなくてもJOC会長のなり手はいくらでもいる。とにかく、JOCが竹田氏に一五〇〇万円もの巨額な報酬を支給するのは、公私混同も甚だしく、重大な規則違反といえる。

もともとJOCの理事がボランティアであるのには、政治、経済、宗教などによる、いかなる束縛も受けず、あくまで自発性に基づいて任意に活動するという重要な意味が込められている。しかも、任務遂行にあたっての交通費、宿泊費、その他日当など正当と認められる費用は支給されている。

その意味から理事のなかで福島氏だけが有給だったというのは、明らかに規則違反である。にもかかわらず問題にされなかったのはなぜか。福島氏の天下りの際に文部科学省とJOCとの間でいろいろなやりとりがあったらしい。天下りに抵抗したJOCは、福島氏に給料を払う余裕はない、と主張した。これに対して文部省（当時）は、福島氏の給料（一〇〇〇万円以上）を含めた運営費（約三〇〇〇万円）を出す、ということで天下りを認めさせた。しかし文部科学省から出されていた運営費が昨年からカットされ、今ではJOCの資金から福島氏の給料を支給するようになっているという。

「国庫補助をあてにするJOCとしては、文部科学省のいうことを認めざるを得ず、福島氏の有給を問題にしてこなかった」(JOC関係者)

福島氏のケースや今回の有給制は、JOCの拝金主義に侵された無原則、無責任、非常識な体質を如実に物語っている。JOCには、国庫補助として税金も投入されており、そうした体質に対して厳しい批判の声を挙げなければなるまい。

4　千葉すずの願いと遠いスポーツ仲裁機構

二〇〇三年四月七日、スポーツ界での紛争を仲裁する「日本スポーツ仲裁機構」(JSAA)が発足した。

この機構づくりのきっかけになったのは、女子水泳の千葉すず選手がシドニー・オリンピック(二〇〇〇年)の代表に選ばれなかったことを巡って日本水泳連盟を相手取りCAS(国際スポーツ仲裁裁判所)に訴えを起こしたことだった。

当時の古橋廣之進会長は、水泳界の「天皇」といわれるほど絶対的な権力を握っており、誰一人逆らえなかった。しかし、千葉選手は泣き寝入りすることなく、不当な決定を下した古橋会長らをＣＡＳの場に引き出した。もちろん日本の選手としては初めてのことだった。

千葉選手の勇気ある提訴の反響は大きく、ＣＡＳの存在が一気にクローズアップされた。それとともに選手が容易に提訴でき、しかも迅速な裁定を受けられるＣＡＳのような機関を国内にも設けるべきだ、という声も広まった。そしてＪＳＡＡがようやく発足したわけである。

新聞報道は、ＪＳＡＡの発足とその仕組みや人事について伝えているだけだが、手放しで評価できない疑問や不審な点がある。

当初は、世界各国の例にならってＣＡＳの支部をつくる、という構想が主であった。それがなぜ「独立した機構」に変わったのか。その点に関する経過説明は一切されていない。ＪＳＡＡの裁定が最終で二審は認められない。ただし、ドーピング（禁止薬物使用）については、国際的なトップレベルの選手だけがＣＡＳに上訴できる、ということになっている。つまり、ＣＡＳとＪＳＡＡとの関係は極めて希薄になっている。

ＣＡＳの国際性を受け入れずに自国中心の閉鎖的な考えに固執するのは、スポーツ国際化の流れに逆行しているとしかいいようがない。推測するに、ＣＡＳの影響力を恐れて日本独自にことを収めようという、文部科学省（文科省）あたりからの圧力があったのではなかろうか。

ＪＳＡＡの人事をみても、文科省の網が掛けられているのではないかとの疑問が湧く。機構長に就任した道垣内正人氏は、東京大学大学院教授。専務理事の福島忠彦ＪＯＣ（日本オリンピック委員会）常務理事は、文科省からの天下り。こうした主要ポストの人事からいって、はたして

ＪＳＡＡが中立性を保てるのか大いに疑問である。

また、仲裁判断を下す三人の「スポーツ仲裁パネル」は、機構がリストアップする三二人の仲裁人候補者から選ばれる。この仲裁人候補者としてどのような人がリストアップされるかも問題である。

さらに、選手が申し立てをしても競技団体が応じない場合には、ＪＳＡＡに強制力がなく仲裁手続きは成立しない。選手の申し立てに対して競技団体は必ず応じる、という規定がなければ、ＪＳＡＡは有名無実なものでしかなくなってしまう。

ＪＳＡＡに運営資金（各三〇〇万円）を拠出するＪＯＣや日本体育協会は、文科省の管轄下にあり、加盟する競技団体を通して国家主義推進の役割を担い、その先兵として選手を思うように操り利用している。

この権力構造に取り込まれているかぎり、選手が自らの権利を主張したり、異議申し立てをしたりするのは至難といわざるを得ない。

スポーツの現場では、権力を振るう指導者らによる選手へのセクシュアル・ハラスメントや暴力行為が日常茶飯事になっている。しかし、選手から訴え出るケースはごくごく限られており、多くは表面化することなく闇に葬られてしまっている。

双方の言い分を聞いてから三週間以内に結論を出すとか、申し立て費用が五万円といった形式的なことだけでＪＳＡＡの意義を認めるわけにはいかない。権力構造に呪縛されて弱い立場にある選手をどれだけ認識し理解し解放できるか、闇に葬られている選手の人権侵害や名誉毀損をどれだけ明るみに引き出せるのか、これらの点からＪＳＡＡに対する評価を下す必要がある。

5　高橋尚子をアテネに送りたい陸連の思惑

二〇〇三年一一月一六日に行なわれた東京国際女子マラソンで高橋尚子選手は、アレム選手（エチオピア）に次ぐ二位の成績だった。その結果、高橋選手は、アテネ・オリンピック代表の選考基準である「日本人選手としてトップであること」は、クリアした。しかし、二時間二七分二一秒という記録から高橋選手の代表入りは難しくなった。というのも残された二レースに高橋選手の記録を上回る可能性の高い有力な選手がそろって出場するからだ。その顔ぶれは次の通り。

二〇〇四年一月二五日の大阪国際女子マラソンには、二時間二一分台の記録を持つ渋井陽子、千葉真子、坂本直子の三選手、二時間二二分台の弘山晴美選手、そして三月一四日の名古屋国際女子マラソンには、二時間二二分台の土佐礼子、二時間二三分台の大南敬美選手らが出場を予定している。実力通りの成績を出せば、それらの選手から残された二人（世界陸上二位の野口みずき選手は決定）が選ばれるのは当然であろう。

ところが、高橋選手をなんとしてもオリンピックに出場させせようという、不穏当な動きが出てきて選考の行方は、混沌としてきた。

小出義雄・佐倉AC代表は、レース終了後、「二七分ではねえ。しかも一番ならまだしも。周りも納得しないでしょう」と、選考レース挑戦を示唆する発言をした。しかし、二日後には、「名古屋国際に出たら、アテネ・オリンピックには間に合わない」といいだした。小出代表の企図は、二時間二七分二一秒という記録を棚上げにして高橋選手を選べ、と日本陸上競技連盟(陸連)にプレッシャーをかけることではないか。

高橋選手の人気ぶりから、陸連関係者をはじめ一般人のマラソンファンなどに高橋選手の金メダルを期待する声があるのはたしかだ。それとともに高橋選手や小出代表を取り巻いているスポンサーや視聴率を狙うテレビなどの利害も絡んでいるように思われる。

いずれにしても、いろいろな思惑が入り交じって選考が混乱する事態に陥ってきたのは間違いない。その責任が陸連にあるのはいうまでもない。どだい、選考レースを四つも設定することに根本問題がある。

四レースともコースや気象など条件が異なり、明確な選考基準を明示できるわけはない。それゆえ、最終的には陸連の密室での決定という不透明な選考になってしまうのだ。

なにしろ、選考に関わる陸連幹部の多くは、権力志向だけ強く、本質は極めて低俗な体質の持ち主たちだ。そうした幹部たちは、主人公である選手をないがしろにして、「オレたちが選んでやる」という、甚だしい主客転倒の考え方しかしない。

その一方で、放送権料や協賛金に目がくらんでマラソンを中継するテレビに追従する。選考対象を四レースにもするのは、その証拠だ。

そのうえ、陸連は大阪のレースにペースメーカーを入れることを考えているらしい。もし、それが事実なら選考を一層混乱させるだけでは済まない。ペースメーカーを採用するのは、記録を出すための「人によるドーピング」といってもよく、不公正、不公平な行為として禁止すべきものなのだ。

とにかく、透明な選考を実現するために一レースで一位から三位までを選ぶ方式を一時も早く実現すべきだ。「オリンピックでメダルを獲るためには、複数のレース成績を参考にすべきだ」という陸連の言い分は、国の威信をかけてメダルを獲得することを選手に押しつける悪しきオリンピック至上主義の表徴でしかない。

選手もオリンピック出場を絶対視すべきではない。世界各地で行なわれている国際マラソンのなかには、トップレベルの選手ばかりでなく万単位の数の一般市民も参加する意義深いレースもかなりある。オリンピックにだけ固執して、そうしたレースでの貴重な経験のチャンスを見逃していたのでは、充実したマラソン人生をおくることは到底できまい。

6　道理から逸脱した岡本選手の五輪参加

女子テコンドー・岡本依子選手のアテネ・オリンピック参加を巡る大騒動で浮き彫りにされた

のは、関係者たちの無責任さや浅薄さだった。一選手のオリンピック参加問題が騒動にまでなったのは、なにがなんでもアテネ・オリンピックに参加させろ、という筋道を逸脱した情動が先走ったためだ。

核心の問題は、分裂したテコンドーの競技団体が二年もの時間をかけても統一を実現できないことにあった。アテネ・オリンピックに向けて、JOC（日本オリンピック委員会）理事会は、二〇〇四年三月三一日までに統一しなければテコンドー選手の派遣はできないことを決め、両競技団体に伝えていた。しかし、その最終期限にいたっても統一が実現しなかったため、JOCは四月一日、「テコンドー界の現状から選手派遣を断念せざるを得ない」と記者発表した。

競技団体が分裂している状態でオリンピックやアジア大会などへ選手を派遣できない、というJOCの考え方は、正当だ。そして、強権的な姿勢を抑え、当事者の自主的な努力によって統一を実現するように促し続けたJOCの対応も妥当だった。一方、分裂を引き起こした当事者たちは、家元制度での宗家争いのような泥仕合に陥り、解決への取り組みを放棄してしまった。

そのうえ、筋道を逸脱して、情に訴える卑屈な手段を取った。岡本選手の身内が九万五〇〇〇人の署名を集めてJOCへ嘆願。また、同選手が所属する全日本テコンドー協会の衛藤征士郎会長（衆議院議員）は、河村建夫・文部科学相（当時）に「組織の統一と岡本選手のオリンピック派遣を分けるよう、JOCに働きかけてくれ」と嘆願した。河村文部科学相は、衛藤会長の言葉をそのまま、自ら発言し、「岡本選手をオリンピックへ派遣してほしい」と訴えた。こうした情動をテレビが煽り、大騒動になったのだ。

ＪＯＣ理事会決定の発表から四日後の四月五日、竹田恒和・ＪＯＣ会長は、突如として、分裂したままの現状でも、個人資格で岡本選手を派遣できる、と発表し理事会決定をあっさりひっくり返してしまった。

個人資格による参加というのは、オリンピック憲章の次のような特別規定に基づく。

「国内に公認のＮＯＣ（国内オリンピック委員会）はあるが、いずれか特定の競技のための国内競技連盟が存在しない場合は、ＮＯＣが選手を個人の資格で『オリンピック競技大会』に出場させることができる。ただし、それには、ＩＯＣ（国際オリンピック委員会）理事会、国際競技連盟の承認を受けることを前提条件とする」

分裂状態であっても競技団体は実際に存在しており、ＪＯＣは、解散しないかぎり特別規定は適用できないという考え方を貫いていた。

ところが、竹田会長は、バンクーバーで行なわれたオリンピック関連の会議に出席した際にＩＯＣ事務局の競技統括担当者から、「ＪＯＣが承認しなければ、競技団体はないものとみなせる」といわれ、帰国後、理事会にもかけないまま、先のような発表をしたのだ。

そもそも、特別規定は、戦争や内乱、あるいは発展途上国などで競技団体を組織できないような場合にかぎって選手を救済するために個人資格の参加を認めようという制度だ。

したがって、ＪＯＣが承認しなければ、「競技団体はない」という解釈は、この特別規定を根本からねじ曲げている。ＪＯＣ会長という立場にあるものがオリンピック憲章で定められた規定の抜け道をさぐること自体、浅薄極まりない。それに、二年間にわたって統一を実現するように競技団体に働きかけてきたＪＯＣとしての道理やそれに基づく努力をすべて無にし、分裂という核心の問題を先延ばしにした竹田会長の無責任さは徹底的に追及されるべきだろう。

テレビによる岡本選手への同情の広がりを背景に河村・文部科学相や衛藤氏らによる直接的な圧力に竹田会長は屈したのだろう。道理を損ねてしまったＪＯＣに、もはや存在意義を証すものは何もない。

7　千葉すずの願い届かぬ水連の選考基準

二〇〇四年四月二〇日に開幕した、アテネ・オリンピック代表選考を兼ねた競泳の日本選手権を観ていると、どうしても四年前を想起してしまう。

シドニー・オリンピック出場を目指していた千葉すず選手が同じ日本選手権の二〇〇メートル自由形で優勝した。しかし、日本水泳連盟（日本水連）は、千葉選手を代表からはずした。千葉選手は、オリンピック代表に選ばれなかったことと選考基準の明確化を求めて、日本水連を相手取りスイスに本部を置くＣＡＳ（スポーツ仲裁裁判所）に提訴した。ＣＡＳは、裁定で千葉選手の訴えを却下したが、選考基準の明確化という点について日本水連に落ち度のあったことを認めた。

「日本水泳連盟は代表選手選考基準を十分に選手に伝えていなかった。もし、選考基準を開示していたら、このような提訴問題は発生しなかったと考えられる」

この裁定によって日本水連は、オリンピック代表選考方針や基準の広報のあり方、個別選手からの異議申し立ての手続きの整備などに取り組むことになった。千葉選手の勇気ある提訴は、これまで曖昧にされてきた代表選考基準を明確化することや、選手個人の権利として異議申し立てを認めることなどの、重要な成果をもたらした。裁定が下された後に行なわれた記者会見での千葉選手の言葉は、今でも印象に残っている。

「若い選手がスポーツに対して夢を持っていけるような公平な環境を作りたいと思い、訴えてきました」

四年を経過し今回の日本選手権では、少なくとも代表選考基準について種目別にオリンピック派遣標準記録が明示されている。

ただ、気になるのは、「アテネ・オリンピック大会編成方針」として、①メダル獲得、②八位入賞（決勝進出）が掲げられていることだ。

この方針に基づいてオリンピック派遣標準記録の多くが国際水泳連盟(国際水連)のオリンピック標準記録よりも高く設定されている。

国際水連は、シドニー・オリンピック後にアテネ・オリンピックへの出場資格としての標準記録を公表している。これに対して日本水連は、二〇〇三年九月三〇日現在の世界ランキングを基に二〇〇一年から二〇〇三年までの三年間の記録を参考にして作成した、としている。その理由について日本水連では、こう説明する。「シドニー・オリンピックの直後にＦＩＮＡ（国際水泳連盟）が公表した標準記録に比べて、その後に伸びている種目もあり、それに対応するために標準記録を独自に作ったわけです」。

シドニー・オリンピックの際にも当時の古橋廣之進・日本水連会長は、「少数精鋭」の選手編成方針を打ち出した。その方針は今回もまったく変わっていないということだ。

日本水連では、ＪＯＣ（日本オリンピック委員会）の方針に沿ったものだという。その方針とは、国際競技連盟の出場資格を得ていること、十分に活躍できること、など。

ＪＯＣは、アテネ・オリンピックに向けて、「メダル倍増計画」を声高に叫んでいる。これは、「一〇年間でメダル獲得率三・五％達成」という「スポーツ振興基本計画」に基づいたものだ。ＪＯＣは、「十分に活躍できること」という表現に「メダル倍増計画」の狙いを込めている。

ＪＯＣの方針を言い換えれば、小泉政権の目指す「戦争のできる強国・日本」の国策に沿って、国威発揚のためにメダルを取れる精鋭部隊を派遣すべし、ということだろう。そうしたメダル至上主義によって、千葉選手と同じように国際水連の標準記録をクリアし、日本選手権で優勝してもオリンピック出場の夢を断たれる選手が出てくる。

オリンピックの場では、他国の選手との競技による経験だけでなく、彼らとの出会いや交流という貴重な経験も得られる。メダル獲得のための少数精鋭という方針で若い選手たちから、そうした経験の機会を奪うことは、オリンピックの夢も希望も失わせることにもなる。

8 ボンズら一〇〇人以上にドーピング疑惑

大規模なドーピング（禁止薬物使用）汚染の発覚で米国のスポーツ界が激震している。汚染薬物は、筋肉増強効果のあるステロイド系のテトラハイドロゲストリノン（THG）。検出が難しいためにTHG使用の事実は隠されたままだった。その実態が一気に表面化したのは、新しい検出方法の開発と陸上関係者の情報提供による。

米国でのドーピング汚染問題の予兆は二〇〇三年四月から起きていた。USOC（米国オリンピック委員会）の元医事担当ディレクター、ウエード・エグザム博士が米国の有力スポーツ週刊誌『スポーツ・イラストレーテッド』にドーピングに関する衝撃的な告発をしたのだ。

「八〇年代からカール・ルイスを含む一〇〇人以上もの選手がドーピングの陽性反応を示したにもかかわらず見過ごされてきた。そのうち一九人がメダルを獲得した」

その後、八月には、『ロサンゼルス・タイム』紙がシドニー・オリンピックの男子一六〇〇メートルリレーの優勝メンバー、ジェローム・ヤング選手のドーピング疑惑を報じた。九月には、ヤング選手のドーピング（筋肉増強剤ナンドロロン）の事実を知りながらシドニー・オリンピックに出場させたことを米国の陸連が認めた。この事実はエグザム博士の告発を裏付けることにもなった。

米国の陸上界を揺るがしてきたドーピング問題の相次ぐ予兆は、ついにＴＨＧ汚染によって激震へとエスカレートしたのだ。

新聞報道によると、米国連邦大陪審が証言を求めて召喚したのは四〇人という。中心はオリンピック・メダリストを含む陸上選手だが、その他にバリー・ボンズ（ジャイアンツ）、ジェーソン・ジアンビ（ヤンキース）など大リーグ選手やアメリカン・フットボールの選手も含まれているという。

このＴＨＧ薬物汚染は、規模や大陪審の召喚などからいって、これまでとは次元を異にしたドーピング事件といえよう。大陪審がもっとも関心を抱いているのは、ＴＨＧを製造した栄養補助食品会社「ＢＡＬＣＯ」（カリフォルニア州）の経営者と選手との間のカネの動き、とされている。薬物の製造会社経営者と選手との密接な関係が取り沙汰されるというのは初めてのケースである。大陪審の捜査の重点が「ＢＡＬＣＯ」社にあるとはいえ、根源にまで遡って選手によるドーピングの実態が暴かれることは間違いなかろう。一部の報道によると、大陪審が召喚する選手は、さらに増え、最終的には一〇〇人を超すという。

そればかりでなく、ＴＨＧ汚染は米国に止まらず、すでにヨーロッパにも拡大し、英国陸上界を代表する男子一〇〇メートルの王者、ドウェイン・チェンバース選手の疑惑が持ち上がっている。

ドーピング問題は、もはや「新薬物と検査方法開発とのいたちごっこ」というだけで済まされない。ドーピングによって、競技スポーツそのものが底なしの泥沼にどんどん引き込まれ、溺れる寸前のところまできているのだ。

もちろん、その泥沼から脱しようと、もがく動きもある。二〇〇三年三月に開かれた「スポーツドーピングに関する世界会議」でWADA（世界アンチ・ドーピング機構）の世界的な統一コード（規定）が承認された。その骨子は、筋肉増強剤などによる一度目のドーピング違反は二年間の資格停止、二度目は永久追放とする、などだ。そして、IOC（国際オリンピック委員会）のロゲ会長は、「これを導入しない競技団体には、オリンピック参加を認めず、拒否する国では、オリンピックを開催させない」と強硬な姿勢を示した。

しかし、プロスポーツに適用されないことなど弱点を抱えるだけに統一コードによってドーピングの泥沼から一気に脱するのはどだい無理だ。商業主義や国家主義に基づいた記録、勝利などの業績追求の呪縛から選手をはじめ、すべての関係者が解放されないかぎりドーピング問題の根本的な解決はあり得ないだろう。

9　アジア大会でメダルがとれなかった理由

釜山アジア大会から帰国した日本の体操関係者と話した際に、まず口をついて出たのは、審判の不公平な判定や採点のことだった。

「競技前から審判たちの特定の国との不透明な関わりが、噂として流れていました。そして実際に競技のなかで、審判があまりにも露骨に韓国に有利な判定や採点をするので、選手たちは不信感を持ちながら演技をするという最悪の状態でした。アジア大会という国際的な大会で、そういうことが当たり前のように行なわれるというのは重大な問題です」

韓国寄りの不公平な判定の事実を裏付けるように、大会組織委員会のトップは記者会見で、複数の競技で「身びいきの判定や採点」があったことを認めた。体操などの判定競技で、審判が不公平な判定をするというのは、その競技の生命を奪うに等しいことである。そうしたことが起きる最大の要因は、いうまでもなく、国威発揚を狙う国家間のメダル競争にある。とりわけ、大会開催国であることから、メダル獲得に強くこだわる韓国が「身びいきの判定や採点」を生じさせたといえよう。

日本のスポーツ界もメディアも、「メダルラッシュ」を釜山アジア大会のキャッチフレーズとして前面に打ち出した。ＪＯＣ（日本オリンピック委員会）の竹田恒和会長は、「金メダル六五個、中国に次ぐ二位確保」を目標に掲げた。

しかし、大会が始まるや相次ぐメダル勘定の誤算で水泳競技を中心とした前半戦の終了とともに小掛照二・選手団長は、金メダル獲得目標の下方修正をせざるを得なかった。

早々と目標を修正しなければならないような大誤算が、なぜおきたのだろうか。選手の不振などいくつかの原因のなかで、もっとも重要だと思うのは、アジア諸国におけるスポーツの現実についてJOCが十分な認識や理解を欠いていたことだ。

大会に参加する国や地域は、競技人口をはじめ、ヒト、モノ、カネなどスポーツ環境がそれぞれ異なっている。そうしたさまざまなスポーツ環境のなかで、重点を置く競技が決められたり選手の強化も行なわれている。

JOCは、自国中心主義に凝り固まり、メダルを競う中国と韓国に対して関心を示す程度で、アジアの国や地域との交流を軽視してきた。その結果、それぞれの国や地域の競技レベルを的確に把握できていない。したがって、JOCがメダル勘定で大誤算するのも当然といえる。

もともと、アジア大会でのメダル競争というのは、あまり意味はない。というのも、今大会で実施されるのは三八競技四一九種目だが、このすべてに出場する国や地域は数えるほどしかない。したがって、メダル競争を第一義としているのは、ほとんど全競技全種目に選手をエントリーしている中国、韓国、日本の三カ国だけ。参加競技、種目数に限りのある国や地域にとって、メダル数の比較は意味がないのだ。

むしろ、指摘しておかなければならないのは、「史上最大規模」を狙うために競技や種目があまりに多過ぎることだ。OCA（アジア・オリンピック評議会）の規定（アジア大会のプログラムについて）によると、陸上競技、水泳競技をかならず含めて最低二〇競技以上を組織委員会が選択することになっている。したがって、二〇競技でも大会は開催できるのである。

ＯＣＡは、オリンピックを真似て拡大路線を走るべきではない。「平和」「親善」「友好」こそがアジア大会のスローガンであり、東アジアから中東アジアまで広大な地域に存在する諸国、地域の積極的な交流の場としての意義を実現すべきである。

メダル勘定しか頭にないＪＯＣ幹部たちとは対照的に、アジア大会の意義を認識している選手はいた。代表に選ばれた時のインタビューで福士加代子選手（女子陸上一万メートルで二位）は、大会への期待を問われて、きっぱりとこう答えた。

「アジアの人たちと友だちになりたいと思います」

10　電通の金集めに頼るＪＯＣの肖像権ビジネス

ＪＯＣ（日本オリンピック委員会）は優勝劣敗の競争原理を尊び、徹底した成果主義の考え方だ。それゆえに成果主義を担保するカネ集めがＪＯＣの最優先課題になっている。アテネ・オリンピック後のこと、堤義明ＪＯＣ名誉会長（すでに辞任）から、突然、信じられないような申し出があったらしい。

「選手だけでなく実績を上げた指導者にも報奨金を出すべきで一億円を私が出資する」

「寄付するような無駄なカネはない」という金銭哲学を貫徹してきた堤氏が一億円の身銭を切っ

てＪＯＣに寄付するとは信じがたい。

なぜ堤氏が心変わりをしたのか定かではないが、ともかくＪＯＣは、降って湧いたような一億円に喜び、即座に分配の細目を検討し、案をまとめた。ところが堤氏に直接関わる西武グループ企業の不祥事で、一億円は棚上げされてしまった。厳しい責任追及によって窮地に追い込まれた堤氏の状況を考えると、一億円話はミステリーで終わってしまう可能性が高い。

カネ集めのためにＪＯＣが頼りにしているのは電通だ。

従来、電通は、選手の肖像権を使用する「ＪＯＣオフィシャルパートナーシッププログラム」で協賛企業から資金を集めてきた。二〇〇一〜〇四年の実績をみると一社二億円で一九社が協賛した。

そして、二〇〇五年一月から、〇八年までの四年間を対象にした新プログラムが始まる。ただし、同プログラムの実施に当たっては従来と異なる方式に変更される。これまで、選手の肖像権は競技団体が一括して所有し、ＪＯＣと、その使用契約を結べばよかった。もちろん、このやりかたは、ビジネスしやすいように電通が考え出したものだ。しかし、自らの肖像権を主張する選手が続出し、競技団体は、これを認めざるを得なくなった。

そこで、電通は、「シンボルアスリート」方式を編み出した。それは、ＪＯＣが注目度の高い選手（毎年一〇人）をシンボルアスリートとして選抜し肖像権使用契約を結び、それをセールスポイントとして協賛企業を集めるというものだ。協力金は最低一〇〇〇万円、最高二〇〇〇万円。

そのほか、協賛企業がＣＭに使う場合、そのつど一〇〇万円近い協力金を支払う。選手の所属する競技団体にも協力金が支払われる。

この新方式で問題なのは、北島康介（水泳）、清水宏保（スピードスケート）、安藤美姫（フィギュアスケート）、谷亮子（柔道）、野村忠宏（柔道）など、注目度の高い選手が肖像権契約を辞退していることだ。

加えて、協賛金が三億円に値上げされ、プログラム参加に二の足を踏む企業が多いのではないかとも思われる。電通は、三六億円をギャランティ（保証金）するが、ＪＯＣは、四五億円を強く要望しているという。

肖像権ビジネスでは、選手の人間性や尊厳は無視され、単なるイメージとして利用され、消費され、使い捨てられるだけだ。そのイメージ作りのために、勝利至上主義に拍車がかけられ、その結果、連帯すべき競技団体や選手が「勝ち組」「負け組」に分断され、孤立していく。

電通のカネ集めに頼るのは、友情や連帯感によって人と人をつなげ相互理解を広げる、というオリンピック運動の根本的な理念をＪＯＣが完全に喪失した証だ。

3章　サッカーW杯――FIFAの金権体質とアジア蔑視

1　「寝ていない」ではすまないW杯空席問題

「国民が一体となることはすばらしい」

国会の衆議院予算委員会で小泉純一郎首相は、ワールドカップの日本対ロシア戦を観戦しての感想をこう述べた。

ファシズムの傾向を強める小泉首相の口から出た、「国民一体」という言葉には、極めて危ないものを感じる。社会状況に対する鬱積《うっせき》感や閉塞感がメディアによる煽りもあって「がんばれニッポン！」という奔流をつくりだした。

そうした奔流を巧妙に利用し、「国民一体」を強調する小泉首相に引きずられて「ワールドカップ翼賛」が日本列島を被ってしまうのではないかと恐れていた。不幸中の幸いと言おうか、そうした翼賛の流れにチケット問題が奇貨となり、ＦＩＦＡ（国際サッカー連盟）のカネまみれの荒廃ぶりや無責任さ、JAWOC（ワールドカップ・日本組織委員会）の主体性を欠いた不甲斐なさなどに一般市民の批判的な目を向けさせた。

前回のワールドカップ・フランス大会（一九九八年）でもチケットの二重、三重売りによる大混乱が起きた。しかし、今回は、FIFAとチケット販売業者との癒着をはじめ、FIFAの日韓両国組織委員会に対する強圧的な姿勢など前回以上に重大な問題をはらんでいる。

ワールドカップ開幕以降、どの競技場でも空席が目立ち大騒ぎとなった。日本で行なわれる全三二試合のチケット一三五万枚は完売とされ、空席がでるはずはなかったからだ。抽選に漏れてチケットを入手できなかった人たちはもちろんのこと、試合会場のある地方自治体なども怒りを爆発させた。加えて、そうした事態が起きた理由、対応措置などについてJAWOCが明確な説明や的確な対応をせず混乱を大きくした。

空席問題の起きた原因は、いろいろある。なかでも、重大視しなければならないのは、FIFAとバイロム・コンサルタント社との癒着だ。FIFAの不正資金流用で内部告発されたようにブラッター会長は独断専行して不透明な財政運営を行なっており、業者との癒着も指摘されていた。バイロム・コンサルタント社との契約は、象徴的な例と言える。

バイロム・コンサルタント社は旅行コーディネートを主事業とする従業員一〇〇人足らずの小さな会社と言われる。JAWOCの関係者は、「ワールドカップのチケットの印刷からチケット販売や宿泊業務をこなせるだけの能力のない会社」と断言する。ワールドカップとはいえ遠い国であり、費用もかさむ日本や韓国にやってくる海外のサッカーファンは限られているとみるのが常識であろう。それにもかかわらずＦＩＦＡは強引に、チケットの半分をバイロム・コンサルタント社に委託した。

バイロム・コンサルタント社の扱ったチケットの売れ残りが空席問題の主原因であるのは明らかだ。そればかりかチケットとホテルをセットにして販売していたために、バイロム・コンサルタント社の予約したホテルのキャンセルが大量にでた。しかし、バイロム・コンサルタント社は、「われわれに責任はない」と言い張る。ＦＩＦＡやバイロム・コンサルタント社の傲岸不遜とも言える対応の裏にアジア蔑視の思想が透けて見える。

ＦＩＦＡ副会長の立場からブラッター会長体制の腐敗を鋭く批判し改革を求める鄭夢準氏（韓国サッカー協会会長）は、未販売チケットの販売を韓国組織委員会に一任させるなど、ＦＩＦＡやバイロム・コンサルタント社に対して強硬な姿勢を貫いた。それとは対照的にＪＡＷＯＣは、ＦＩＦＡやバイロム・コンサルタント社に翻弄されっぱなしで、報道関係者の責任追及に対してＪＡＷＯＣの幹部が「寝ないで頑張っているんだ！」と、雪印の社長同様に居直り、顰蹙を買うだけだった。

二〇〇二年六月一八日、日本は決勝トーナメントでトルコに敗れ、「がんばれニッポン！」の狂騒も収まった。あらためて空席問題の徹底解明とともに責任を追及する必要があろう。

2　W杯が最高の大会でなくなった理由――東アジアからFIFA改革の狼煙を

「最も高いレベルの大会とはいえない」――今回のワールドカップについてFIFA（国際サッカー連盟）のブラッター会長は、記者会見でこう語った。

大会開会の直前に行なわれたFIFA会長選で不正資金流用を告発されたブラッター会長が圧勝したことは、FIFAの堕落を意味した。疑惑まみれのブラッター会長を多数が支持するFIFAの主催する大会に、サッカーの最高峰を示す充実した試合など、もともと望むべくもなかった。金銭をめぐる疑惑が一切解明されないまま始まった大会では、スタジアムの空席問題をはじめ誤審問題まで持ち上がり、FIFAに対する信頼は地に堕ちた。

ブラッター会長は、最高責任者としての自己批判や自己反省を一切せず、ただヨーロッパや南アメリカの強豪が早々と姿を消したことでそうした発言をしただけのことだった。

たしかに、番狂わせが相次いだ。一次リーグで前回優勝国フランス、優勝候補と目されたアルゼンチン、ポルトガルが敗れ、決勝トーナメントでもイタリア、スペインともに韓国に敗れた。

そうした強豪チームの敗因として強調されたのは、故障やけがで中心選手を欠いたことである。その故障やけがの背景にヨーロッパでのリーグ戦の過酷な日程がある、という見方が多い。二〇〇六年ドイツ大会の組織委員長を務めるベッケンバウアー氏もその一人で、ドイツ大会の年にはリーグ戦の日程を緩めるべきだといっている。

各国のリーグ戦に加えて、各チームともヨーロッパの「ナンバー1」を決めるチャンピオンズ・リーグでの優勝を最大の目標にしている。プロ選手としての経済基盤を確保するために負担を背負いながらもそうしたリーグ戦に全力を投入しているのだ。

そうした背景を考えれば、トップレベルの選手にとってワールドカップは、国の威信を背負う特別な大会ではあっても最も高いレベルの大会とはいえない。今大会での強豪チームの相次ぐ敗退は、まさしくそうした現実を明らかに示した。ブラッター会長自らが「最高のレベルの大会とはいえない」と認めたことによって、これまでFIFAが誇ってきた「ワールドカップは世界最高の大会」という権威は崩れた。それとともに大会の商品価値も下落した。

一方で、ブラッター会長は、サッカー後進地域といわれてきたアジアで韓国や日本のチームが活躍したことを評価している。とはいえ、チケット販売方式や空席問題などさまざまな面で、ブラッター会長は日本や韓国の組織委員会に対して強圧的な姿勢を取った。そこには、明らかにヨーロッパ中心主義とアジア蔑視の思想が透けて見えた。

「ベスト4」まで勝ちあがった韓国の躍進ぶりに水を差すかたちとなった誤審問題にしても、公正を期すための「対戦する国と関係のない第三国の審判を起用する」という原則をいとも簡単に破って準決勝以降はヨーロッパの審判に決めた。ここにも、ヨーロッパ至上主義が露骨に示されたといえよう。

確たる理念もなくすべてをご都合主義で済ませてしまい、拝金体質を自浄する意識も能力もないことからＦＩＦＡの内部から改革を行なうのは、きわめて難しい。外から改革を迫る必要がある。日本と韓国の共同開催を意義あるものにするために日本・韓国・中国が中心になって東アジア地域でのサッカーの普及振興を積極的に進めていくべきである。

二〇〇二年五月にアジア・サッカー連盟の下部組織として「東アジア・サッカー連盟」（日・韓・中のほかマカオ、台湾、香港、モンゴルなどが参加）が発足した。来年には、その東アジア・サッカー連盟が主催する日・韓・中にもう一カ国を加えた対抗戦も計画されている。こうした東アジア地域でのサッカーの試合や交流を通して相互理解を深め共存共栄を目指すことの意義は大きい。着実に成果を積み重ね、東アジアからＦＩＦＡ改革の狼煙を上げるべきだ。

3　CIAとFBIに守られるサッカー日本代表

「強大な国家が自国への敵対勢力を名指しして、攻撃行動をとることにふさわしい呼び名は、帝国主義というべきであり、ブッシュ政権の主張は帝国主義的ナショナリズムと呼ばれるべきなのである。他国の領土、住民を直接支配下におくという意味とは異なる、帝国主義の新しい性格や特徴というものに、私たちは出会っているのだ」（中西新太郎『帝国アメリカと日本の国家主義』〈影書房〉に収められている論文）

帝国主義的ナショナリズムのブッシュ政権には、イラク攻撃について、「敵対勢力」という以外の根拠は必要ないのだ。そして、ブッシュ政権は、強大な軍事力、経済力をバックに根拠なきイラク攻撃に同調するよう他国に圧力をかけつづけている。これに対して、「武力行使反対」、「戦争反対」を叫ぶ一〇〇〇万人ものデモをはじめ、世界各地でさまざまな抗議行動が繰り広げられている。日本でも最近の世論調査（二〇〇三年二月二三、二四日、『朝日新聞』の電話による）でイラク攻撃反対が七八％（賛成一七％）にものぼっている。

このようにブッシュ政権のイラク攻撃に反対する声が国内外で高まるなかで、二〇〇三年二月二二日、日本サッカー協会（日本協会）は、すでに決定していた「中止」を覆して日本代表チームの米国遠征（三月下旬にウルグアイ、米国と対戦）を強行すると発表した。日本協会は二月中旬に米国遠征の中止をいったん決めていた。理由はブッシュ政権のイラク攻撃についての強硬姿勢に伴って、米国へのテロ攻撃の危険性が高まったからだ。

そして、日本協会・平田竹男専務理事が米国サッカー協会（米国協会）に事情説明のために渡米した。ところが「遠征中止」を説得するどころか逆に米国協会に「中止」を取り消すよう説得されてしまったのだ。

米国協会は、テロ攻撃への危険性について、「国の威信をかけても守る」と約束した。具体的には日本代表チームへの特別警備態勢としてＦＢＩ（米連邦捜査局）やＣＩＡ（米中央情報局）、ワシントン州、シアトル市警の協力を得る。また、二〇〇二年二月のソルトレークシティー冬季オリンピックなどでの警備ノウハウも導入する。などなど数十ページにも及ぶ安全プログラム文書が作成されているそうだ。

中止を覆して遠征を決めたことについて川淵三郎・日本協会会長は、記者会見でこう発言した。「米国遠征中止について事情を説明した結果、米国の威信にかけて安全を絶対に保証するので、ぜひ来てほしいといわれた。外交面に配慮して米国遠征を行なうことにした」「十分な話し合いをせずに遠征を中止したことでプライドを傷つけてしまったらしい。米国側の誠意も伝わってきたし、選手の絶対的な安全を考えるとつらいものがあるが、米国を信頼していくべきだと思う」

川淵会長発言は、何ら説得力を持ち得ていないばかりでなく、重大な問題をはらんでいる。

米国協会は、「国の威信をかけても守る」というが、ＦＢＩやＣＩＡなどに頼らなければ安全を守れないというのは異常な事態だ。そのような異常事態の米国へあえて遠征する根拠がどこにあるのか。

「外交面に配慮して」「米国のプライドを傷つけた」「米国の誠意が伝わってきた」などといっても説得力はない。そればかりか、「外交面に配慮して」というのは、ブッシュ政権に追従してイラク攻撃に賛同している小泉純一郎政権と同じ立場にたつことを意味しているともとれる。そうだとするととんでもないことだ。

もとよりスポーツが発揮すべき政治性は、生命の尊厳、生命への畏敬にもとづき、いかなる暴力も否定する平和主義でなければならない。スポーツ組織の長たる川淵会長の主張すべきは、武力行使に反対し、平和的解決を求めることであり、ブッシュ政権がイラク攻撃の姿勢を崩さないのであれば、米国遠征の中止を決断すべきである。

4　川淵会長がぶち上げたW杯招致の無責任

日韓共催サッカー・ワールドカップから一年を経て、「あれから一年」というお定まりの特集記事を数紙が掲載した。注目すべきは、大会を開催した地方自治体が抱える財政問題についての調査報道だ。

そこで浮き彫りにされたのは、予測されていた通り、ほとんどの自治体が巨大スタジアム建設のための巨額の借金（地方債発行）やスタジアムの維持管理での大赤字を抱えて四苦八苦している現実だ。

スタジアムの建設・改修のために一〇自治体が主財源としたのは、いうまでもなく地方債の発行だった。約三〇〇〇億円の建設・改修費のうち、地方債発行による財源は、二〇〇〇億円を超えている。この地方債を返済し終わるには最も長いもので約三〇年もかかるといわれる。

それればかりでなく、収容能力四万人から七万人という一〇の巨大スタジアムでの年間の維持管理費は総額約五六億円にものぼり、今年度では約二五億円の赤字が見込まれている。

スタジアム建設・改修のための借金や維持管理費の赤字は、正確な数字はともかく、建設以前

W杯の日本単独開催を企む川淵三郎・日本サッカー協会会長

から自明のことであった。それにもかかわらず、地方自治体は、ワールドカップを金科玉条として大会後の展望もないまま、わずか二、三試合のために巨大ハコモノづくりを断行した。地域での日常的なスポーツ活動とは無関係な巨大ハコモノづくりは、いうまでもなく、「土建行政」のやり口を露骨に示したものだ。サッカー界は、その「土建行政」に、「お墨付き」を与える役割を果たしたわけである。

しかし、日本サッカー協会は、大会後に地方自治体が直面している深刻な財政問題などどこ吹く風と自分らの新たな企図に熱心なだけだ。その一つは、ワールドカップで得た収益などを資金として日本サッカー協会が自社ビルを購入するもの。そのビルにはJリーグ事務局も入るほか「サッカー・ワールドカップ博物館」を設ける、という。この「ハコモノ」発想に対してサッカーのサポーターたちから批判の声が上がっている。

このほかにも、川淵三郎・日本サッカー協会会長はワールドカップの再招致をぶち上げた。六月初旬に開かれたワールドカップ一周年記念のシンポジウムで川淵氏は、「二〇五〇年までにもう一度ワールドカップを開催する夢に邁進しよう」と呼びかけた。二〇〇二年大会を日韓共催としたＦＩＦＡ（国際サッカー連盟）に怒っていた川淵氏だけに、今度は日本単独開催を打ち出したのであろう。後日、日本サッカー協会理事会は、川淵氏の構想を正式に承認した。

組織の長というものは、常になにがしかのアドバルーンを上げて自己の存在をアピールしなければならないと思いこむ習性があるらしい。それにしても、個人の夢ならともかく、日韓共催大会についての検証や総括をまったく棚上げにして、再度のワールドカップ開催のアドバルーンを上げるというのは、組織の長としてあまりに無責任ではないか。

川淵氏は、強力な指導力を発揮しながらＪリーグの立ち上げから拡大、そしてワールドカップ開催へと突っ走ってきた。どうみても、これまでの川淵氏は急ぎすぎであり、走りすぎだという印象を受ける。いま、川淵氏にとって緊要なのは、再度のワールドカップ開催に向かって走り続けることではなく、立ち止まってこれまでに残されてきた問題や課題に向き合うことではなかろうか。

川淵氏は、独断専行型の人物だと思う。川淵氏の独断専行が良い結果を生む間は問題化しないであろうが、一歩間違うと、「独裁者」と見なされてしまう危険性をはらんでいる。

コンフェデレーションズカップでジーコ監督率いる日本代表チームが、準決勝へ進めなかった結果に、現地に乗り込んだ日本人サポーターのなかから「独裁者はいらない。日本サッカーはお前のものではない」と非難を浴び、川淵氏が激怒した、と報道された。

川淵氏が組織の長として自らの指導力を真に生かすためには説得力を併せ持つ必要があろう。

5　三菱自動車の犯罪に無頓着な浦和レッズ

政界に劣らず経済界の頽廃、腐敗ぶりも顕著だ。

連休明けの二〇〇四年五月六日、三菱自動車製大型車の車輪脱落による母子死傷事故で神奈川県警は、三菱ふそうトラック・バス前会長、三菱自動車元常務取締役など七人を逮捕した。

容疑は、「道路運送車両法違反」、死傷事故について前会長らが、国土交通省や捜査当局に組織ぐるみで虚偽の報告をした、というものだ。また、前会長、元常務以外の逮捕容疑は、虚偽報告と業務上過失致死傷となっている。三菱ふそうトラック・バスは二〇〇三年一月に分社したもので、犯罪の中心は、あくまで三菱自動車本体であった。

それにしても、リコール（無償回収・修理）すべき部品の欠陥があるにもかかわらず、組織的にそれを隠蔽し、「整備不良」と虚偽の報告をし続けたというのだから、人命を軽視した悪質な犯罪といえる。

この三菱自動車を親企業としているのがJリーグの「浦和レッドダイヤモンズ」(浦和レッズ)である。親企業が死傷事故の絡む重大な罪を犯したとなれば、浦和レッズに無関係ではあり得ないだろう。

皮肉にも今シーズンから浦和レッズのユニフォームが胸に大きなダイヤモンド(従来は車種の名前)、背中に「FUSO」のロゴ入りに変わったばかりだった。つまり、罪を犯した三菱自動車と三菱ふそう、そのものを表徴するユニフォームになった。

そうしたユニフォームを着て選手たちがピッチ内を走り回るのは、被害者にとって異常なことと映るのではないだろうか。親企業の経営陣から逮捕者が出たことなどを、どのように受け止めているのか浦和レッズのフロント関係者に聞いてみた。しかし、返ってきたのは、三菱自動車の経営再建との関係についての見解だけで、犯罪についてはフロント内で一切問題にされていない、という。

浦和レッズは、親企業ばかりでなく、資本金を出している県や市、そしてサポーターをはじめ広範な地域住民などに支えられている。そうした公共性から考えても浦和レッズは、社会的責任を背負っているといえよう。それにもかかわらず親企業の犯罪を一切問題にしないというフロントの姿勢は、これまた異常といわねばならない。

フロントとは対照的に後援会関係者の中からは、親企業の犯罪によるチームへの悪影響を危惧する正常な声が聞かれた。また、ごく少数ながらファンのなかにはインターネットを通して、「三菱自動車と手を切るべきだ」、とか「努力して自立した組織作りに取り組むべきだ」と主張するものもいたという。ただ、圧倒的多数のサポーターやファンは、問題視していないようだ。

『エーコとサッカー』（岩波書店）のなかで著者のピーター・P・トリフォナスは、こう指摘している。

「サッカーにおけるアイデンティティというのは、『実在するもの』でも、経験的なものでもなく、サッカーという文化のカーニバルの内側で互いのアイデンティティを効果的に際立たせる方法なのであって、そこでは通常の倫理やモラルの境界線は、自分があるチームに根をおろし、ファンとしてサポートしていることを示すために、棚上げにされるのだ」

Jリーグでもっともラディカルといわれる浦和レッズのサポーターにしても、親企業の犯罪と浦和レッズとの関係を倫理やモラルの視座から追及するようなことは棚上げしてしまっているといえるかもしれない。

「企業論理を超えてパブリックなものへ」というのがJリーグの目指すクラブの在り方なのだが、親企業からの資金援助を主財源にしているかぎり、企業論理は容易に超えられまい。したがって、親企業の犯した罪が浦和レッズにマイナス影響をもたらすのは避けられない。

サポーターはともかくとして浦和レッズのフロントは、通常の倫理やモラルについての明確な境界線を認識して、対応すべきだ。

4章　スポーツと平和主義

1　中田や愛ちゃんたちの反戦メッセージ

帝国米国のブッシュ政権がイラクに対して正義も道義もない侵略戦争を始めたために、日本で開催予定の大リーグ公式戦二試合、親善試合四試合、計六試合が中止となった。その結果、主催の読売新聞社は、入場券代（二〇万枚）や放送権料など推定で約三〇億円の興行収入をふいにしたといわれる。二〇〇三年三月二〇日付の『日刊スポーツ』の報道によると、読売新聞社グループ本社の渡邉恒雄社長は、「イラク戦争の損害を一番最初に受けたのは我が社だ」と怒り、挙げ句の果てに「サダム・フセインのヤツめ」とまくしたてた、という。

怒りをぶつけるなら相手は当然、戦争を始めたブッシュ大統領であり、「ブッシュのヤツめ」というべきだ。それを「サダム・フセインのヤツめ」というところに渡邉氏の政治姿勢が象徴的に表されている。渡邉氏はブッシュの戦争を容認するとともに、ブッシュに追従する小泉純一郎首相を後押ししている。最大発行部数の『読売新聞』が、渡邉氏の政治姿勢に沿ってブッシュの戦争容認の報道をする悪影響は大きい。

しかし、メディアによる各種の世論調査の結果では、「イラク戦争反対」が八〇％を超え、多様な形で反戦行動も広がっている。スポーツ界のなかからも個人として反戦を訴える声が出てきた。

本来なら真っ先に「戦争反対」の意思表示をすべきなのは、ＪＯＣ（日本オリンピック委員会）である。なぜなら、平和主義の理想を掲げるオリンピック運動の担い手であるＪＯＣは、「スポーツを通じて世界の平和の維持と国際的友好親善に貢献する」ことを目的として明示しているからだ。

国境を越えた選手の連帯を尊ぶ福原愛選手

米英軍によるイラク攻撃が激しさを増した二〇〇三年三月二六日、ＪＯＣは理事会・評議員会を開き役員改選を行なっただけで、イラク戦争について一切触れなかった。再選された竹田恒和会長は「メダル獲得に最大限努力する」というだけだった。竹田会長をはじめ理事たちは、ＪＯＣの目的すらまったく忘却してしまうほどに精神を荒廃させている。

ＪＯＣに加盟しているかなりの競技団体がイラク戦争の引き起こすテロを恐れて、「選手の安全」のために海外で開催される大会への派遣や合宿を中止した。これらの競技団体の幹部たちには、日本の選手だけ安全であればいいという自己中心の考え方しかない。世界中の選手の安全が確保されなければ、日本の選手も真に安全とはいえない。それゆえ、すべての選手の安全を脅かす戦争に反対しなければならないのだ。

三月二四日付『朝日新聞』夕刊紙上で、福原愛選手（卓球、一四歳）は、「戦争、意味ない」と率直に語った。「戦争、意味ないと思います。早く終わってほしい。（略）でもイラクの選手は、世界選手権に出られるのかな。戦争の被害にあって、そのために参加できないような選手がでたら、悲しいことです」

福原選手は、自分たち日本の選手のことだけではなく、生命を奪われるかもしれないイラク選手に思いをはせる。スポーツをとおして相互理解や連帯を生み出す上でもっとも大事なのは、他者を認知することだ。福原選手は、そのことを教えている。イタリア・プロサッカーリーグで活躍する中田英寿選手がホームページに「愛」「平和」というメッセージを掲載したのをはじめ、プロ野球・ヤクルトの岩村明憲選手も、「どんな理由にせよ戦争は良くない」と三月二八日に開設したホームページに反戦のメッセージを書き込んだ。岩村選手ばかりでなく同チーム全体に反戦の声が広がっているという。

また、スポーツにかかわる幅広い人たちによって、イラク戦争反対の集会（四月二日）も開かれた。

もっとも大切にしなければならない人間の生命の尊厳を、クラスター爆弾や劣化ウラン弾で容赦なく踏みにじるブッシュの戦争は許されない戦争犯罪である。戦争に反対するとともに、主犯であるブッシュ政権ばかりでなく、共犯の小泉首相らの戦争犯罪を糾弾しなければならない。

2　語り継がれないアテネ五輪と戦争の物語

「好戦的勢力の準備に大いに貢献し、かつその隠れ蓑として機能した」。一八九六年の第一回アテネ・オリンピックに対して、そのような激しい批判が浴びせられたことは、ほとんど知られていない。

なぜ、このような批判が巻き起こったのか。オリンピックの成功によって愛国主義と国家主義を昂揚させたギリシャは、大会の一年後にクレタ島のトルコ前線地点を攻撃し、トルコとの戦争を引き起こしたのだ。三〇日間続いた戦争でギリシャは惨敗し、政権も崩壊した。

アテネ・オリンピックから戦争に至る経緯は、その後のオリンピックに重大な教訓を遺した。近代オリンピック創設者であるクーベルタンの評伝のなかで、著者・ジョン・J・マカルーンはこう指摘している。

「一八九六年以来、近代オリンピックは常に、国民国家を原理とする近代世界における、愛国主義と国家主義との抜きさしならぬ関係が雄弁に立ち現れる場として機能してきたのである――競争相手たる他国を憎むことなく自国を愛し、自国に奉仕することは可能か？　ライバル国に対する憎悪を、愛国的義務以外の何ものかとして評価することは可能か？」（『オリンピックと近代』、平凡社）

さて、二〇〇四年にアテネでオリンピックが開催される。このためメディアは、いろいろ特集企画を組んでいる。しかし第一回大会が戦争へ繋がった歴史については一切触れていない。それは、スタートから近代オリンピックがはらんでいた、平和の促進にも、戦争を引き起こすためにも使われるという根本的な矛盾や問題についての歴史認識を欠いているからだ。

アテネ・オリンピック組織委員会のアンゲロプロス会長は、『毎日新聞』によるインタビュー（二〇〇三年八月一三日付朝刊）のなかで、オリンピック開催の意義について、こう述べている。

「近代五輪は一八九六年にアテネで復興した。この地で再び五輪が行われることは、五輪本来の精神である平和、兄弟愛、人間の達成感、気高いスポーツの競争心を再びよみがえらせるものと信じている」

同会長は、オリンピックと戦争というギリシャの過去の歴史的事実を意識的に無視しているか、あるいは、単に歴史に無知なのかどちらかであろう。いずれにしても、この発言は、薄っぺらでリアリティーがまったくない。その他に報道されているのは、競技場などの施設や道路の建設や整備が大幅に遅れていること、苦慮される警備対策、苦しい財政事情などだけだ。

一方、野球の日本代表チームを率いる長嶋茂雄監督、宇津木妙子ソフトボール日本代表監督、井村雅代シンクロ日本代表ヘッドコーチ三氏による「悲願の金ねらい」をテーマにしたおざなりの座談会（『朝日新聞』八月一二日付）も気になった。残念ながら、一世紀以上の歴史を経てアテネに再び戻るオリンピックに何を求め、何を期待するのか、という肝心な報道が欠落している。

秋葉忠利・広島市長が八月六日に行なった広島平和宣言は強く印象に残った。

「世界中の人々、特に政治家、宗教者、学者、作家、ジャーナリスト、教師、芸術家やスポーツ選手など、影響力を持つリーダーの皆さんに呼び掛けます。いささかでも戦争や核兵器を容認する言辞は弄せず、戦争を起こさせないために、また絶対悪である核兵器を使わせず廃絶させるために、日常のレベルで祈り、発言し、行動していこうではありませんか」

平和運動に身を投じ、反核の強い意思を持ち、広島にも何度か訪れた、オリンピック選手で唯一人のノーベル平和賞受賞者（一九五九年）、ノエル・ベーカーは、「この核の時代に、人間にとって大きな希望は、オリンピックがあることだ」という言葉を遺している。

アテネ・オリンピックに求められ、期待されるのは、愛国主義や国家主義を超えて、いささかでも世界の平和をつくりだす場になり得るかどうか、その一点だ。

3　孫基禎さんの死を無視したＪＯＣ

一九三六年のベルリン・オリンピックに植民地出身ということから、日の丸を胸につけさせられマラソンに出場し優勝した孫基禎さんが二〇〇二年一一月一五日未明に亡くなった。九〇歳だった。

三年ばかり前だったであろうか孫さんの記念館をソウルに建てるという活動があり、完成の際には彼を尊敬する日本のスポーツ関係者が集まってお祝いに行くことになっていた。しかし、韓国内の事情があってのことであろうが、記念館は完成にいたらなかった。その後、孫さんは病に倒れ、治療を受けるために一度来日されたことは知っていた。

二〇〇二年一一月初旬、韓国・済州島で開かれた韓国体育学会に招かれた際にも韓国の大学教授らと孫さんの近況などについて語ったばかりであった。

孫さんが亡くなった、との新聞報道に接して、改めていろいろな思いが駆けめぐった。その日は大学での講義があり、孫さんの人生を辿ったテレビ・ドキュメンタリーを学生たちと共に観た。日本が朝鮮半島を植民地支配してきた歴史すら教えられてこなかった学生たちにとって、日本が理不尽に孫さんに強いた過酷な生き方は衝撃だったに違いない。

一一月一七日、ソウルで行なわれた孫さんの葬儀、告別式に個人として参加した寺島善一明治大学教授は、怒りを込めて現地での様子を話してくれた。

「参列した人たちのなかに日本のスポーツ関係者は見あたらなかった。弔電を打ったのかもしれませんが、誰一人参列しないのは理解できないですね。日本のスポーツ界にとって平和主義をはじめ、スポーツについての孫さんの考え方から学ぶべきことは多かった。しかし、JOC（日本オリンピック委員会）をはじめスポーツ関係者は、最後の最後まで孫さんの存在を無視したといわざるをえません」

JOC関係者の話によると、孫さんの死去について韓国オリンピック委員会から正式にJOCへ知らせが届いていた。ところが、JOC事務局内部でどう対応するかあいまいなまま忘れ去られてしまったという。「オリンピック委員会」の基本原則ともいえる「国際的な信義を守る」ことさえできないJOCの体たらくぶりには唖然とするばかりだ。JOC関係者の韓国に対する差別意識の根深さがさらけ出されたといってもいい過ぎではなかろう。孫さんの国籍は、オリンピック公式記録で「JAPAN」のままである。

二〇〇二年一一月一五日付『朝日新聞』朝刊で武田文男記者は、こう記している。「『日本オリンピック委員会（JOC）がIOCに国籍変更を申し出てくれれば解決するはず』という主張を私は幾度となく聞いた。あるときは激しく、あるときは日本への遠慮なのか、懇願するような調子で。『韓国の孫』と公式に言えるときまで『死ねない』とも訴えた。その最後の願いはかなえられなかった」

孫さんの親族によると、孫さんは次のように語っていたそうだ。

「オリンピックで日本の選手・チームが獲得した金メダルは、すべて日本にあるはずだが一個だけない。その金メダルは韓国の私の手元にある。そのことが何を意味するのかを考えてもらいたい」

ＪＯＣは、孫さんの九〇年の生涯をかけた「韓国の孫」になりたいという願いを、一顧だにしないまま排してきた。こうした過去の経緯から考えても、ＪＯＣが孫さんの死に際して一本の弔電すら打つ気にならなかったことは当然かもしれない。

孫さんが人生をかけて訴え続けてきた、スポーツと平和の問題などさまざまなメッセージを改めて真摯に受け止め、これからのスポーツのありかたを考える貴重な手がかりにしなければならない。

そうした意味から、生前の孫さんと関わりのあった寺島教授らが中心になって、孫さんから学ばねばならないものを明らかにしていくための集会やシンポジウムなどを開く計画を進めている。私も積極的に参加する考えである。

4　中東問題とアジア大会の知られざる関係

一六〇人以上の死傷者をだした二〇〇二年七月二二日夜のイスラエル軍によるパレスチナ自治

区・ガザへの空爆に対して国際的に批判が広がっている。

これまでパレスチナ・イスラエルの和平についてさまざまな試みがなされてきたが、すべて失敗に終わった。米国在住のパレスチナ人思想家、E・W・サイード氏は、米国の強力な支援を得て、イスラエルがパレスチナ領土を三五年にわたって軍事占領していることを根本問題として指摘する。

「一九四八年にパレスチナ人はパレスチナの七八パーセントを失った。一九六七年に彼らは残った二二パーセントも失った。いずれも、イスラエルの手に落ちたのだ。今こそ、国際社会は、イスラエルに対し、でっち上げではない本当の領土分割の原則を受け入れる義務を課さねばならない。また、イスラエルの領土外の権利主張や、聖書に基づく馬鹿げた要求や、別の民族の権利を圧殺することを可能にしてきた法律などに制限を加えるという原則を受け入れるよう同国に迫るべきだろう」(『戦争とプロパガンダ2』みすず書房)

イスラエルがパレスチナを軍事占領してきたことは、アジア諸国にも反イスラエルの動きを拡大した。その象徴ともいえるのがアジア競技大会(以下、アジア大会)からイスラエルを閉め出したことだ。

一九六二年、ジャカルタ(インドネシア)で第四回アジア大会が開催された。開会の直前、インドネシア政府(スカルノ大統領・当時)は、イスラエルと台湾の選手団の入国許可を与えないことを発表した。

インドネシア政府の処置がＩＯＣ（国際オリンピック委員会）とＡＧＦ（アジア競技連盟）の憲章に違反するとして、ＩＯＣは、六三年にインドネシア・オリンピック委員会の加盟権を停止した。

これに対してスカルノ大統領は、世界の新興第三勢力を結集した反帝国主義・反植民地主義をスローガンとする国際競技会の開催を発表した。この新興勢力競技大会（略称・ＧＡＮＥＦＯ）は、六三年一一月一〇日から二二日までジャカルタで開催された。大会には、中国、朝鮮民主主義人民共和国（北朝鮮）、ベトナム民主共和国（北ベトナム）、パレスチナ、アラブ連合、アルバニア、カンボジア、セイロン、モロッコ、ナイジェリア、ソ連など四九カ国、二二〇〇人の選手が参加した。

ＧＡＮＥＦＯの目的は、憲章第一条に表現されている。

「ＧＡＮＥＦＯは、次のことを目的とする。（Ａ）新興勢力のすべての諸国のスポーツ、体育、スポーツ運動の自主的発展を促進するように励まし合うこと。（Ｂ）新興勢力の青少年の間の友好関係をつちかい、うちかため、広く友好と平和を進めるため、新興勢力の青少年の間のスポーツ競技を促進すること」

六六年には一二月、バンコク（タイ）で第五回アジア大会、その一ヶ月前にプノンペン（カンボジア）で第一回アジアＧＡＮＥＦＯ（日本は不参加）がそれぞれ開催されるという事態も起きた。アジア大会とＧＡＮＥＦＯとの対立に東西の冷戦構造が反映されていたのはいうまでもない。

しかし、GANEFOが友好や平和を目的に打ち出したことは、その後に引き継がれるべき歴史的意味を持っていたといえよう。冷戦構造の崩壊後、AGFからOCA（アジア・オリンピック評議会）に主催者が変わり新たなスタートを切ったアジア大会は何を目指してきたのだろうか。

アジア大会がアジア諸国の友好や平和にどれだけ積極的な役割を果たしてきたのか、大いに疑問である。OCAは友好や平和より、オリンピックに追従してアジア大会をショーアップして見せ物化することを目指しているように見受けられる。

二〇〇二年九月二九日から韓国・釜山でアジア大会が開催される。それを前にして、アジア大会を歴史的に検証し、アジア大会が目指すべき目的は何か、今なすべきことは何か、を考える必要がある。

5　北朝鮮参加が歴史的意義を与える

二〇〇二年九月二九日、韓国・釜山で開幕する第一四回アジア競技大会（アジア大会）は、朝鮮民主主義人民共和国（北朝鮮）の参加で大会の存在意義を世界に示す絶好の機会を与えられた。

一九五一年にニューデリーで開かれた第一回大会から、アジア大会は厳しい批判を浴びた。批判の背景には、五五年に行なわれたアジア・アフリカ会議（バンドン会議）があった。同会議は次のような決議をした。

「あらゆる形態の植民地主義と帝国主義から解放されて、この世界を新しく築きあげることを望み、相互の民族的統一と民族的主権の尊重を保障し、友好を強め、諸民族間の永続的な平和と人類の兄弟関係を目的として協力をつちかう」

このバンドン精神に基づいてインドネシアのスカルノ大統領（当時）は、「反帝国主義、反植民地主義をスローガンにした国際競技大会」を打ち出し、アジア大会に対抗した第一回アジアGANEFO（新興国競技大会）を六六年にプノンペン（カンボジア）で開催した。しかし、スカルノ大統領の失脚とともにアジアGANEFOは、一回だけで終焉してしまい、バンドン精神そのものも忘れ去られていった。

アジア大会を主催してきたAGF（アジア競技連盟）は、八二年にOCA（アジアオリンピック評議会）へと改組された。この改組は、IOC（国際オリンピック委員会）への従属関係を自ら示す意味を持っていた。OCA初代会長に就任したシェーク・ファハド氏（クウェート）は、イラクが侵攻した際に死亡し、息子のシェーク・アーマド氏が後任に選ばれ、現在に至っている。

この間、OCAは、商業主義を導入するなど、IOCを真似るだけで、アジアに立脚した理念や思想をつくりあげてこなかった。一方で、アジアは新たな植民地主義といわれるグローバリゼーションの影響をもろに受けてきている。そうしたアジアの現実に真正面から向き合うためにはバンドン精神を忘却のかなたから引き戻す必要がある。

朝鮮半島の統一は、朝鮮半島の人たちばかりでなく、アジアの多くの人たちの念願でもある。

釜山アジア大会への北朝鮮の参加が、朝鮮半島統一に向かう重要なステップになるのは間違いないだろう。北朝鮮のアジア大会への参加について、韓国の報道関係者は、こう分析する。

「今年に入って金正日総書記は、国内的には経済改革を打ち出し、外に対しては訪中、訪ロなどで開放姿勢を示しています。アジア大会への参加も積極的外交政策の一環と見るべきです。小泉純一郎首相の訪朝、その後のアメリカ高官の訪朝などの結果次第ということもあるでしょうが、金正日総書記がアジア大会に出席する可能性はかなり高いと思います。それが実現すれば、歴史的な転換をもたらすでしょう」

そうした意味で今大会は、「アジア大会」にかつてなかった重大な意義を与えるものになるだろう。またアジア大会を契機として、アメリカによる軍事攻撃を受け続けるアフガニスタンや、イスラエルのパレスチナ侵略などアジア、中東地域で繰り返されている悲劇的な現実に思いを至らせる必要があろう。

日本からは、九八七人（選手六五八人）という大選手団が釜山に乗り込み、テコンドを除く三七競技に参加する。いうまでもなくＪＯＣ（日本オリンピック委員会）が目指すのはメダル獲得しかない。若い選手を多く参加させ、その経験を二〇〇四年のアテネ・オリンピックでのメダル獲得につなげる狙いがある。アジア大会は、あくまでアテネオリンピックのための強化ステップにしかすぎないというのが、ＪＯＣの位置づけなのだ。

日本の選手団に強く望みたいのは、国威発揚のお先棒を担いでメダル獲得に血眼になるのではなく、釜山アジア大会がどのような歴史的意義を持つのかを自覚し、その意義を強く支える力になってほしいということである。

6　パトリオット・ミサイルとアテネ五輪

一八九六年四月六日、第一回アテネ・オリンピック大会開会式は、一五〇人からなる合唱隊による「オリンピック賛歌」（作詞・パラマ、作曲・サマラ）から始まった。

「いにしえの不滅なる精神よ、真なるもの、善なるもの、美なるものの父よ、ここに降り立ち、我らの眼前に姿を現し、汝の栄華の第一の証人たるこの大地の上、この空の下を照らしたまえ。

これら高貴なる競技に光と生命を与えたまえ、競走、格闘技、投擲の勝者たちに不滅の花冠を投げ与え、汝の光をもって鋼の心にも生命の息吹を吹き込みたまえ！　汝の光を浴びてバラ色に輝く野や山や海は、一体となって巨大な神殿を築きあげる。この自然の神殿に世界の民が集い、汝を崇めるのだ、おお、いにしえの不滅なる精神よ。」（『オリンピックと近代』ジョン・J・マカルーン著、柴田元幸・菅原克也訳、平凡社）

オリンピック関連資料に基づいてマカルーンは著書のなかで、そのときの観衆の熱狂ぶりを再現させてこう記している。

「サマラが自ら指揮をとり、陸・海軍の楽隊、都市・地方の楽団、それに弦楽器の一団も加わった厖大な人数の混成オーケストラと、一五〇人からなる合唱隊を導いた。『サマラの作曲は大成功だった。静かにゆっくりと始まる旋律が、やがて徐々に躍動を帯び、終曲部では堂々たるクレッシェンドの中ですすべての声すべての楽器が一体となり、このうえなく壮大な効果を生んだ。聴衆は熱狂的な拍手を贈った。人々は皆、王までもが、アンコールを要求した。二度目の演奏が終わった時、拍手はさらに倍になった』

ゼウス神に捧げられた古代オリンピックの精神を蘇らせるような荘厳なこの歌が正式に「オリンピックの歌」とされたのは、一九五〇年代後半のことだった。

ともあれ、「オリンピック賛歌」の高貴な精神性とは裏腹に第一回オリンピック大会は、国威高揚の舞台となり、ギリシャ国民の意識を統合する政治的効果をもたらした。

オリンピック大会から一一ヶ月後、ギリシャはトルコに宣戦を布告しトルコ領へ侵攻していった。一方、トルコも宣戦を布告し、戦争は三〇日間続いた。そしてギリシャは惨敗し、政府は瓦解した。

マカルーンは、こう指摘する。「オリンピックが戦争に到る経緯を早めたことは間違いあるまい」。

オリンピックは、スタートから国家主義に基づく「国威高揚」という化け物に取り憑かれていたのだ。

その後、一世紀を経るなかで政治劇の舞台と化したオリンピック大会の空間で「オリンピック賛歌」は単に儀式用の添え物にされ、国威高揚を狙ってメダル獲得競争に必死の国々の「国歌」が席巻した。同様に、五大陸を輪で結ぶオリンピックの旗も各国の国旗に主役の座を奪われた。一方、国威高揚の化け物はオリンピックの巨大化を促進させもした。

一〇八年ぶりのアテネ・オリンピック大会は、その化け物が生み出す新たな脅威に曝されることになった。一〇億ユーロ（約一三〇〇億円）もの警備費がその脅威の大きさを如実に物語っている。陸・海・空三軍が配備され、「オリンピック史上最高の警備態勢」と胸を張る大会組織委員会の担当者の言葉が報道された。パトリオット・ミサイルまでが配備されている映像は、まさに戦時下を思わせた。そこまでして、守ろうとしているものは、平和主義の理想を壊して肥大化した化け物が支配する政治劇の舞台でしかない。

オリンピック大会から化け物を排除するためには、少なくとも国旗・国歌を取り除き、五輪の旗と「オリンピック賛歌」で満たすことだ。

これまで、国旗・国歌のないオリンピック大会が想像されたことはまったくないといえる。今、喫緊なのは、パトリオット・ミサイルの配備ではなく、化け物を排除するために想像力を働かせることであろう。

7 報道されない「オリンピック休戦」

アテネ・オリンピックは、陸・海・空の軍隊に囲い込まれた厳戒体制の中での大会になるだろう。

ＡＴＨＯＣ（大会組織委員会）は、そうした大規模な警備に一〇億ユーロ（約一三〇〇億円）を投入するという。そして、「オリンピック史上最大の対策で大会をテロから守る」と強調している。

一方、二〇〇四年五月下旬にアテネ市長らが「オリンピック休戦」の呼びかけを行なった。すでに二〇〇三年一一月三日、ギリシャが国連総会で「オリンピック期間中すべての紛争の休戦」を提案し、満場一致で採択されている。しかし、その後のイラクやパレスチナでの悪化するばかりの情勢から、改めて呼び掛けを行なったのであろう。

「オリンピック休戦」は、周知のように古代オリンピックの時代に行なわれており、それを近代オリンピックに引き継ぎ、「平和な世界の建設に協力」という目的を掲げたオリンピック運動の存在意義を示すものとして、たびたび呼びかけられてきた。

また、ＩＯＣ（国際オリンピック委員会）の資金援助によって、「国際オリンピック休戦財団」（本部はローザンヌ）が作られ、それとともにアテネには、「オリンピック休戦センター」も置かれている。こうした組織が日常的にどのような活動を行なっているのか、日本では報道されることがなく、ほとんど知られていない。これまで日本で「オリンピック休戦」の声があがらなかったのも当然だろう。

しかし、アテネ・オリンピックに向けて、日本で初めてといえる「オリンピック休戦」の呼びかけの動きが出てきて、いろいろなスポーツ組織へと広がりつつある。

『オリンピック休戦』の呼びかけを日本から」という題で、次のように呼びかけている。

「私たちは世界中のスポーツ愛好者、スポーツ団体にこの『オリンピック休戦』の決議を広め、アテネ・オリンピックが『スポーツを通して世界の平和を』というオリンピック理想の実現のために成功することを願い、以下のことを心から呼びかけます。

一、「スポーツと平和」を願うすべての人々がオリンピック憲章に定式化された「平和でよりよい世界の建設に寄与する」というオリンピック運動の目的をいっそう強化し、このオリンピック憲章の目的実現のために努力し、互いに実践しましょう。

二、「平和なくしてスポーツなし」を合い言葉に世界中から戦争と暴力をなくすためのさまざまな取り組みをしましょう。

三、「平和の祭典」アテネ・オリンピックの成功のためにあらゆる支援と協力をしましょう。

主な呼びかけ人は次のとおり。

明石康・国際オリンピック休戦財団理事（元国連事務次長）、安西孝之・日本体育協会会長、猪谷千春、岡野俊一郎両IOC委員、片岡暁夫・日本体育・スポーツ哲学会会長(国士舘大学教授)、北郷勲夫・日本障害者スポーツ協会、関隆志・アテネ考古学協会名誉会員（宝塚造形芸術大学教授）、竹田恒和・JOC（日本オリンピック委員会）会長、永井憲一・日本スポーツ学会代表理事（法政大学名誉教授）、山本徳郎・日本体育学会会長（国士舘大学教授）

まとめ役を果たしている森川貞夫・日本体育大学教授は、こう話す。

「海外での多様なオリンピック休戦の活動に比べて日本はかなり遅れています。今回の呼びかけをできるかぎり広げていきたい。それとともに、恒常的な活動を実現するために日本にも休戦財団のようなものを作ることも提案していくつもりです」

日本からの「オリンピック休戦」の呼びかけを真に説得力を持つものにするためには、日本の現実を批判する立場を明確にすべきだ。小泉政権は、イラクに派兵した自衛隊をさらに多国籍軍に加えようとしており、平和憲法の息の根を止めるつもりだ。「戦争する国」に踏み出した小泉政権の軍国主義的政策の核心を串刺しにする批判の視座を持たなければ、「オリンピック休戦」の呼びかけは、説得力を欠いた空疎なものになってしまうだろう。

8　ブッシュと小泉のオリンピック

「ブッシュ大統領が選挙に五輪〝利用〟IOCが調査へ」というタイトルの四〇行足らずの記事（二〇〇四年八月二七日付『日刊スポーツ』）が目に止まった。

記事の内容を要約してみる。

一一月の大統領選に向けた国内のキャンペーンCMの中でブッシュ大統領が「オリンピック」という言葉を使ったとしてIOC（国際オリンピック委員会）は調査に乗り出した。IOCはスポンサー以外の企業、組織が商業的な目的で「オリンピック」を使用することを禁じている。ところがブッシュ大統領はCMで「このオリンピックではアフガニスタン、イラクの二つの新しい自由の国が参加できることになった」などと表現している。このCMについては、サッカーのイラク代表チーム監督が「いまだに戦争は続いている。国に帰れば自由なんてないんだ」と反発。また、オリンピックの閉会式にあわせてパウエル国務長官をアテネ入りさせようとした。これに反対するアテネの市民団体は、アメリカ大使館前でデモをすると発表した。

この記事によると、IOCは、利権に絡めて「オリンピック」の名称を勝手にCMに使用したことにこだわっているようだが問題はそんなことではない。

オリンピックを政治的に利用するのは当たり前のことになっているとはいえ、自ら戦争を仕掛け現在も戦闘を続け多くの民衆を殺戮しているアフガニスタンとイラクを「新しい自由の国」というブッシュ大統領のウソこそが問題なのだ。無知なアメリカ市民を別として、そうしたブッシュ大統領の大ウソを世界の誰が信じるだろうか。ブッシュ大統領のいうことならすべて信じる小泉純一郎首相は例外中の例外だ。

悪質なウソを垂れ流すブッシュ大統領は、批判の火だるま状態にされることを恐れて、アテネにはパウエル国務長官を代理として派遣しようとしたのだろう。

オリンピックに参加しているアメリカ選手は、活躍しているものの男子バスケットボールに象徴されるようにこれまでにはない精彩を欠く場面もしばしば見受けられた。一方、アメリカ選手の応援もいつものような、「USA！ USA！」を連呼する熱狂や盛り上がりがあまり見られないように思える。

イラクで戦争を続けていることでアメリカに対する反発は強まり、身の危険を考慮しオリンピックを辞退した選手もいるし応援する人もいつもより少ないのではなかろうか。

それに加えて、アメリカのスポーツ界に蔓延したドーピング疑惑もオリンピック参加選手にプレッシャーを与えているであろう。ドーピング疑惑が選手間で拡がっており、お互いに猜疑心を持ちながら競技をしているような状況とさえいえる。

さて、オリンピックの政治的利用という面では、小泉首相もブッシュ大統領に劣らず貪欲だ。今回、JOC（日本オリンピック委員会）が掲げたメダル獲得目標、二四ないし二五個を大幅に上回る「メダルラッシュ」ということで、政府内には国威高揚に貢献した金メダリストに「国民栄誉賞」を授けようとの案がでた。しかし、授章の基準があいまいなことに加えて対象となる選手の多さなどから見送られた。その代わりに、政府は今年秋の叙勲で、すべての金メダリストに紫綬褒章を贈ることを検討しているという。

叙勲はいうまでもなく、天皇制に基づく人間の階級付けであり、それを認めることは、国家主義を受け入れることでもある。金メダルが取れず、「国民のみなさんに謝ります」といった野球の中畑清・ヘッドコーチに象徴されるように、多くの選手や指導者は国家主義に心から同調している。

これまでもスポーツの成果を巧妙に政治的に利用してきた小泉首相だけに、今回の「メダルラッシュ」を権力の誇示や強化に最大限利用するのは間違いない。小泉政権の促進する、「戦争する国」づくりに加担させるためにメダル至上主義のスポーツ政策への偏重に一層拍車が掛けられるであろう。

9 イラク五輪委員会の資格停止処分が解除された理由

報道によると、二〇〇四年二月二七日、ＩＯＣ（国際オリンピック委員会）理事会がイラクのＮＯＣ（国内オリンピック委員会）に対する資格停止処分の解除を決めたという。

処分の理由、時期についてＩＯＣのプレスリリースで確認してみた。処分の決定は、二〇〇三年五月一七日、マドリードで開催されたＩＯＣ理事会。ＩＯＣの倫理委員会の調査報告によると、処分理由はＮＯＣ会長だったフセイン元大統領の長男らによる選手に対する虐待や不当な行為。

米国・ブッシュ政権による大義なきイラク侵略戦争の勝利宣言からおよそ一ヶ月後に処分を決めるというタイミングからみて、ＩＯＣが侵略戦争を追認するとともにブッシュ政権の占領政策に歩調を合わせたといえるのではなかろうか。

倫理委員会の調査時期、調査方法などについて明らかにされていないが、NOCに立ち入って調査すること自体異例のことだ。要するに、虐待などの理由を付けてフセイン政権と同様にその息子が牛耳ってきたNOCも潰してしまえ、ということだったに違いない。

また、今回の処分解除にしても、二〇〇四年八月に開催されるアテネ・オリンピックにイラク選手団を参加させることでブッシュ政権による占領政策を「成功」として世界に印象づけようという企図があるようにも思う。

オリンピック参加を目指して活動を始めたサマライ新会長率いるイラクのNOCを支援するために、JOC（日本オリンピック委員会）はイラク選手のオリンピック用ユニホームを提供することを決め、また日本の練習施設にイラク選手を受け入れることも検討中だという。

JOCは、ブッシュ政権の侵略戦争に対してはもちろんのこと、小泉純一郎政権が憲法を踏みにじりイラクへの派兵を断行して「戦争する国」へと暴走することに対しても黙認した。そのうえ、JOCは、ユニホームや練習施設を提供することで戦後復興支援と称する派兵を後押ししようとしているのだ。

おそらく、半年後に開催されるアテネ・オリンピックにイラク侵略戦争がさまざまな影を落とすことになるだろう。そこで、一九七二年のミュンヘン・オリンピックを想起する。

同オリンピック開催中にアラブ・ゲリラが選手村のイスラエル宿舎を襲撃し役員・選手ら一一

人の犠牲者を出し、世界に大きな波紋を投げかけた。その惨劇の陰になってあまり知られていないが、米国女子円盤投げのコノリー選手がオリンピックの歴史に刻まれるべき行動を起こした。スポーツ評論家・故川本信正氏は、『スポーツの現代史』（大修館書店）にこう記している。

「コノリー夫人は、大会前に、『アメリカは片手にオリーブ、片手に爆弾を持って、オリンピックへ来た』と語り、アメリカのベトナム北爆に抗議し、数人のアメリカ選手と連名で、ニクソン大統領にあて、北爆停止のアピールを提出した。

コノリー夫人は、選手村でも活発に反戦運動を進め、『世界のすべての国が不信の悪循環や戦争、弾圧、報復をやめ、平和を呼びもどそう』という内容のアピールを、ワルトハイム国連事務総長に提出するため、各国選手の署名を集めていたが、九月八日になって、選手村当局から、署名運動を禁止された。その理由は、他国の選手団からも同様なアピールが出されるおそれがあり、選手村は政治を抜きにした友好の聖域だというものだった」

三十数年の歳月を経た現在、圧倒的な経済力と軍事力を背景にアメリカ帝国は、単独行動主義にもとづいて戦争、弾圧、報復を繰り返し、不信の悪循環を生み出している。

その結果、ソルトレークシティ冬季オリンピック同様にアテネ・オリンピックもテロの脅威にさらされ、厳戒体制が敷かれる。反戦の強い意志に裏打ちされたコノリー選手の行動、アピールをアテネ・オリンピックの舞台で蘇らせることはできないものであろうか、と切に思う。

5章　虚構としての国技――相撲のルーツは復活するか？

1　朝青龍横綱昇格と「国技」の虚構

二〇〇三年の初場所は、いろいろな意味で大相撲の歴史に残る場所になった。

横綱・貴乃花の引退によって、大相撲にブームを巻き起こした、「若貴時代」が最終的に幕を下ろした。兄の若乃花の引退以降も貴乃花の人気に頼ってきただけに日本相撲協会（以下、協会）の受けた打撃は大きい。これまで以上に大相撲離れが加速することは避けられまい。この重大な状況をどう乗り越えるのか、協会はまさしく正念場を迎えた。

その一方で、大相撲の歴史上初めてモンゴル出身の横綱・朝青龍が誕生したのは画期的だ。

朝青龍の横綱昇格は、ハワイ出身の曙（現親方）や武蔵丸が横綱になったのとは異なった意味を持っている。朝青龍の横綱昇格が決まったとき真っ先に思い浮かんだのが「相撲のルーツ」だった。よく知られているように、モンゴルには永い歴史と伝統を誇る「モンゴル相撲」がある。朝青龍の父親もかつてモンゴル相撲で活躍したと伝えられている。

モンゴルに限らず「相撲」のルーツを辿っていくと紀元前にまで遡る。エジプト、インド、中国などで発見された遺跡に相撲の歴史が刻まれている。また、日本での相撲について『スポーツ大辞典』（大修館書店）には、こう記されている。

「日本でも和歌山県井辺八幡山古墳（六世紀）には、褌姿の力士埴輪が納められており、大陸の葬礼すもうとのつながりをうかがわせる」

いずれにしても、相撲の永い歴史や世界各地への広がりを知ると改めて想像力を喚起され、新たな興味も湧いてくる。

朝青龍は、そうした相撲のルーツを明示するシンボルといえるかもしれない。すでにモンゴル出身力士は総勢三一人にものぼる。また、モンゴル以外でもルーツということで興味を引くのは、中国（二人）、韓国（二人）、グルジア（一人）、ロシア（四人）、ブルガリア（一人）、チェコ（一人）出身の力士たちである。外国人力士が五一人もいるということで「多国籍時代」と捉える新聞報道もあった。しかし、単に多国籍と見るのではなくルーツからの視座が必要だと思う。

その意味で大相撲を「国技」としてきたことの虚構も暴かれてくる。

もちろん、現在の大相撲は、室町時代中期以降に行なわれるようになった「勧進相撲」の流れをくむもので、独自のルールや興行形式をつくりだしてきたといわれる。しかし、『スポーツ大辞典』によると、「国技」と称される由来は、明治四二年（一九〇九年）、大相撲興行のために建てられた常設館の名称が「国技館」とされたことによるものとされる。また、昭和天皇が皇太子（摂政）時代に誕生日を祝して大相撲を招いた。その際には宮内省（当時）から協会に莫大な金一封が送られ、「摂政賜杯」（現在の天皇杯）が設けられた。こうした天皇とのつながりからも、「国技」とすることの意味があったのかもしれない。しかし、暴力団との関係、八百長疑惑、年寄り名跡をめぐる不透明な売買などの問題を抱えてきた協会が、いまだに「国技」と称して権威付けしようとしても無駄だ。

モンゴル相撲のルーツを大相撲で開花させた横綱・朝青龍

その点でも朝青龍を筆頭にモンゴル力士の活躍（三段目でも時天空が優勝）だけでなく幕下優勝の黒海（グルジア）、序ノ口優勝の琴欧州（ブルガリア）も目立った。そのほか韓国、中国、ロシア、チェコなどの出身力士の存在が大相撲を変え、新しい魅力を創り出す可能性を秘めている。言い換えれば、相撲のルーツが大相撲という場に生き生きと蘇ることになるのではないかと期待を抱かせる。そのためには、横綱審議委員長・渡邉恒雄氏のように自らの品性、品格を省みることなく、朝青龍の横綱昇進に「品性、品格という点をしっかり磨いてもらいたい」などと勝手な注文を付け、大相撲の古くて閉鎖的な体質に無理矢理同化させるようなことはすべきではない。協会のなすべきことは、自ら意識改革をし、外国人力士の異質な才能が引き出されるように閉鎖性を打破して開かれた大相撲へと変えていくことだろう。

2　力士より収入を優先させる北の湖理事長

力士の公傷制度について廃止も含めて見直す、という二〇〇三年五月二九日の日本相撲協会(協会)理事会の発表に驚くとともに怒りさえ覚えた。

二七歳の横綱・玉の海の死亡、龍虎のアキレス腱断裂などの例を踏まえて力士を救済するために、一九七一年一二月に制定されたのが公傷制度である。具体的には、本場所の土俵上で翌場所も休場を余儀なくされるようなけがをした場合、翌場所全休しても翌々場所はその番付にとどまることができる。

二〇〇二年の六場所でこの制度で休場した十両以上の力士は二一人。また、左肩脱臼で全治二ヶ月と診断され今年の春場所途中休場した武双山が公傷不認定で夏場所に強行出場し勝ち越した。

こうしたことから制度の見直しが必要だ、との声が上がったという。そして今後、協会理事会と師匠会で見直し作業が進められることになった。

北の湖理事長は、制度廃止の意思を固めているらしく、こう発言している。

「ダラダラ話し合ってもしょうがない。理事、役員を含めて、ある程度集中的に話し合っていく。休場が多いという理由だけでなく、けいこ量や、自己管理など全体的な問題を含めて考えないといけない」（二〇〇三年五月三〇日付『日刊スポーツ』）

角界を支える屋台骨は、力士である。その屋台骨を守らなければ角界そのものが成り立たなくなる。どれだけ万全の体勢を整えたにしても、土俵上での格闘によるけがは避けられない。したがって、けがで休場を余儀なくされる力士を救済するのは当然である。公傷制度は、力士の人権にも関わる命綱であるとともに、角界にとっても大きな支えになっている。制度を廃止するのは、力士の人権を軽視し命綱を断つことであり、角界崩壊につながりかねない。同制度の廃止を「大改革」と評する声もあるようだが、見当はずれもはなはだしく、「大改悪」であり、断固阻止すべきだと考える。

北の湖理事長をはじめとする理事会や師匠会のメンバーが、一刻もはやく取り組むべき改革は、六場所制を縮小することであろう。その理由は、いうまでもなく力士が万全の体勢で土俵に登れるような環境をつくるためである。六場所制では、力士が体勢を万全なものに仕上げるには時間がなさすぎる。ましてやけがをした力士がそれを完治させる時間がなく、結果的にけがを長引かせてしまう。実際に休場する力士が増加しているのは、その証だといえよう。

角界の外では「場所を減らすべきだ」という声が広がっている。それにもかかわらず協会は、その声に耳を傾けようとはしない。力士という財産を大事にすることを最優先させるべき立場にありながら、協会理事たちは興行収入を最優先させている。北の湖理事長は、「けいこ量、自己管理」などに言及しているが、その点でも協会として取り組むべき課題はいろいろある。たとえば、けいこ量だけではなく、けいこの質も考えなければなるまい。できるかぎり、けがを予防するとともに、けがを効果的に治療するための最先端のスポーツ医科学を積極的に導入すべきであろう。

また、前々から囁かれている力士のドーピング（禁止薬物使用）疑惑についても、協会が各場所ばかりでなく、けいこでの抜き打ち検査を行なうことも決定すべきだ。ドーピングは、相撲での公平さを損なうばかりでなく力士生命にも関わる悪影響を及ぼす。二〇〇三年三月、コペンハーゲンで開催された「スポーツのドーピングに関する世界会議」で世界反ドーピング機構（WADA）の世界統一コード（規定）が承認された。そのことに関連して日本アンチドーピング機構（JADA）の河野一郎理事長は、大相撲での反ドーピング活動を取り組み課題として上げている。協会は、一時も早くドーピングチェックの実施に踏み切るべきである。

いずれにしても力士の人権を軽視するような「改革」は認めるべきではない。

3 「しこ」でけがが防げるという北の湖の妄言

「来年初場所から公傷制度を廃止する」

二〇〇三年九月二五日、日本相撲協会（協会）理事会は、そのような重大決定を下した。公傷制度の廃止は、力士の人権を軽視するものであり、協会理事たちの非人間性、軽薄さに怒りを禁じ得ない。

協会理事会が公傷制度の見直しを発表した際、公傷制度廃止は、「大改悪」であり、断固阻止すべきだ、と前項で記した。公傷制度は、力士にとっての命綱であり、軽々しく見直しなどすべきものではないからだ。しかし、協会は、わずか五ヶ月足らずで「廃止」の結論を出した。「公傷制度があるから思い切って相撲がとれる」と、理事のなかにも廃止に反対する声もあったはずであり、そうした常識的な意見を含めて議論がどこまで深められたのか、また、力士側から意見を聞いたのかどうかなどの点が明らかにされていない。記者会見で北の湖理事長は、こう説明しただけだった。

「けがをしない体づくりが力士の本分。自己管理を徹底する原点に返るため廃止する。しこやぶつかりをしっかりやることで負傷は回避できる」

この発言の裏には、力士性悪説や力士使い捨て発想が込められているように思える。つまり、力士は、しこやぶつかりをなまけて、公傷制度を悪用するものだ、と決めつけている。しかも「しこやぶつかりで負傷が回避できる」という考えは、あまりに幼稚過ぎる。どれだけ自己管理を徹底しても大相撲という格闘技でけががなくなることはない。それゆえに、公傷制度は力士としての生命を守るための不可欠の制度なのだ。その制度を廃止するということは力士を使い捨てにすることを意味している。

プロスポーツの抱える根本的な問題は、選手を商品化し、人間性を疎外してしまうことにある。その象徴がドーピング（禁止薬物使用）だ。競技選手のマシーン化とドーピングとの悪循環ができあがってしまっているのだ。公傷制度廃止は、力士のマシーン化を促すものであり、すでに問題視されているドーピングを拡大、浸透させる恐れが多分にある。

一方で協会は、中卒の新弟子などが高卒の資格を取れるような教育システムを検討しているという。これとて、新弟子希望者が大きく減じてきている状態のなかで「高卒資格」をセールスポイントにして中卒入門者を確保しようという打算的な発想でしかない。重要なのは、高卒の資格ではなく、人間としての自覚を持たせる教育であろう。そうした教育は、中卒の新弟子に限らず協会理事連中にいたるまで必要だ。

「自覚的な人間、たまたまその上にスポーツマンでもある人間の養成につとめるべきだ。……自覚的な人間が作られないならば、そのときたちまちにしてスポーツが、職業選手養成（プロフェッショナリズム）と商業主義とで腐敗するのを人は見るだろう」（フランツ・ファノン著『地

に呪われたる者』みすず書房刊）

同著の執筆は一九六一年だが、ファノンの鋭い指摘は、その後のスポーツ世界で現実のものとなってきている。スポーツ全般に、プロフェッショナリズムとコマーシャリズムが広がり、自覚的な人間であることなど関係なく、高い競技力を持ち、商品価値のある選手が求められるようになり、金銭トラブルやドーピングなどによる腐敗も拡大してきているのだ。支配、管理する側のスポーツ組織の権力に対して、選手側が弱い立場に甘んじていることも問題だ。スポーツ組織は、巧妙にも「選手会」を設けて選手の意見を聞く、という形をつくり、実際には選手を体制内に取り込んでいる。選手の側にも人間としての自覚を欠き、「選手会」のメンバーに選ばれることだけで名誉と受け止める弱さがある。

その意味で、協会の「力士会」に問いたい。体制に従っているだけでいいのかと。ことは力士の生存権にかかわる問題であり、公傷制度廃止を黙認してはなるまい。「力士会」として、「廃止撤回」を要求すべきであろう。

6章　あてが外れたサッカーくじの不人気──ギャンブルでスポーツ振興？

1　二〇億円めぐって官庁が縄張り争いのドロ仕合

日韓共催サッカーワールドカップの陰で、忘れられていた、サッカーくじの話題がここにきて再浮上してきた。

そのきっかけは、サッカーくじの胴元、日本体育・学校健康センター（以下、センター）がワールドカップの日本組織委員会（以下、ＪＡＷＯＣ）に対して「分配金を返還せよ」と要求したことだった。同センターは、ワールドカップに関してＪＡＷＯＣの申請した三〇億円に対して二二億円交付することを決定し、二〇〇二年八月に一九億八〇〇〇万円を支払った。ところが、その後、ワールドカップの収支でＪＡＷＯＣは七〇億円を超える黒字になることを明らかにした。そうした背景のもとに二〇〇三年一月末に開かれた同センターの審査委員会（上坂冬子委員長・作家）で、「富裕団体への交付は趣旨に合わない。返還を求めるべきだ」との意見が出された。これに対してＪＡＷＯＣは、助成の条件に黒字の場合の返還はないこと、他団体からも寄付を受けており特定の団体だけに返還するのは不公正である、などの点から返還要求には応じないとしている。

どちらの言い分も説得力を欠いている。センターについていえば、ＪＡＷＯＣの黒字は二〇〇二年九月に明らかにされており、今ごろになって返還要求をするのはおかしい。おそらく、二〇〇二年のサッカーくじ売り上げが四〇〇億円強と一昨年に比べて二〇〇億円も落ち込んだことに同センターが焦ったものと思われる。なにしろ、売り上げの大幅減による助成金の減額は、センターの親方である文部科学省の権威に傷をつけ統括力を弱めることに繋がるからだ。

一方のＪＡＷＯＣも、昨年末の定例理事会で剰余金を使って「ワールドカップ記念館」（仮称）を建設すること、また、ワールドカップ開催一〇都市のスタジアム内などに建設する記念館への助成も考えること、などを決めた。十分な議論も経ないで、こうしたハコモノづくりを安易に決めた裏に総務省出身の遠藤安彦・事務総長の影響力が働いていたのは間違いなかろう。

ワールドカップに際してＪＡＷＯＣの最重要課題は開催一〇都市を束ねることだった。その役割を果たすことによってＪＡＷＯＣを実質的に取り仕切ったのが遠藤氏だ。その論功行賞として、「ワールドカップ記念館」の初代館長に遠藤氏が就任する手はずになっている、という噂も広く流れた。その真偽はともかく、端的にいって、「ワールドカップ記念館」建設は、総務省の縄張り確保の拠点づくりと思われ、それとの絡みでＪＡＷＯＣが返還要求に強く反発しているのではなかろうか。

　センターは、返還を実現するために法的な手続きに訴えることも考えている、とあくまで強硬な姿勢であり、ドロ仕合の様相になってきた。

　ギャンブル資金に頼ることの愚かさが、分配をめぐるこうした醜い争いにも繋がるのだ。センターの幹部たちの頭には、サッカーくじの売り上げを伸ばすことしかない。そのためにセンターは、公約を破ってコンビニでの販売を、なりふり構わず実現しようと必死だ。

　そうした動きに反対して二〇〇二年末に、新日本スポーツ連盟をはじめとする婦人団体や消費者団体など一三団体が、センターや文部科学大臣に、コンビニでサッカーくじを販売しないよう、要請文を提出した。

　減ったとはいえ、サッカーくじの売り上げが四〇〇億円を超えているのは由々しきことだ。競技団体、地域のスポーツ組織、そしてスポーツ愛好者にいたるまでサッカーくじに頼っている間は、まともなスポーツ振興が実現できないばかりでなく、助成金に依存する組織の退廃を広げるばかりであることを認識すべきだ。センターで助成を管理する担当者は、毎年四〇億円ぐらいを安定して助成できればいいと思う、という。四〇億円を場当たり的にばらまけばスポーツ振興ができる、などという愚かな発想を打ち壊さなければならない。反対の声を結集して、サッカーくじ廃止に追い込む必要がある。

2　サッカーくじ、コンビニ販売という愚策

二〇〇三年八月二〇日からコンビニ（約二万一〇〇〇店）でもサッカーくじの販売が開始される。詳細な経緯についてほとんど報道されていないので、寝耳に水の人が圧倒的に多いであろう。周知のように、サッカーくじ法案の成立過程では、一般市民の反対意見は無視され、国会審議でも議論らしい議論がなされなかった。そうしたなかで、「青少年に悪影響を及ぼす」という強硬な反対意見のまえに、「コンビニではサッカーくじを販売しない」という点だけがかろうじて承認された。具体的には、国会の審議過程（文教委員会）での遠山敦子文科相の答弁や、法案成立後の保健体育審議会・特別委員会などで、「コンビニは販売の対象としない」ことが確認されている。その重大な確認事項がいつのまにか反古にされるのは、とうてい納得できない。この決定を下したのは、中教審青少年分科会の特別委員会。同委員会には、コンビニ販売に強く反対していたPTAの全国組織代表も加わっている。そのメンバーが懐柔されたのかどうか知らないが「反対」を押し通さなかったことは、理解に苦しむ。

一九歳未満に販売してはいけない、という規定を守るために、コンビニのカード会員にのみ販売することで同委員会メンバーたちは納得してしまったらしい。おそらく、サッカーくじの売り上げがガタ落ちしたことでサッカーくじを運営する日本体育・学校健康センター（センター）が

あせって、確認事項もへったくれもないと破れかぶれの手段に出て、押し切ったのだろう。

日本代表チームへの人気偏重と裏腹にJリーグ人気の下落が売り上げの大幅減につながっているものと思われる。実際、二〇〇二年度の売り上げは、約四〇〇億円に止まり、前年度比で約二〇〇億円も減った。その結果、今年度の助成金総額もわずか二七億一五七八万三〇〇〇円（前年度比で約四〇億円減）となった。

助成金配分を求めて応募した事業の総数は二二一四件。そのうち、実際に配分される事業は、一三一一件で約六割にしかならなかった。昨年度比で大幅に減額された事業の一つが地方公共団体スポーツクラブ活動（四億三七〇〇万円減）。同事業について責任を負う各地方体育協会（地方体協）の関係者からは怒りの声すら噴き出しているという。

地方体協関係の事業についてみると、配分ゼロと査定されたケースが一四県、二七都道府県がすべて二〇〇三年度最高額の六〇万円（二〇〇二年度最高額三〇〇万円）に抑えられるという厳しい内容となった。また、四県が申請を出していない。

サッカーくじの助成金に頼ってスポーツ振興を図ろうという発想自体がいかに愚かで虚しいことか、地方体協関係者も少しは分かってきたのかもしれない。

とはいえ、地方体協を束ねる日本体育協会（日体協）は、最初にサッカーくじの実現を国会に陳情したいきさつもあり、期待をかけつづけざるを得ない。日体協が発行している雑誌『スポーツジャーナル』（二〇〇三年七・八月号）に、サッカーくじについての日体協の考え方をよく表している記述がある。

「日本のスポーツ界を一本の樹にたとえるならば、ｔｏｔｏはその〝果実〟を育む栄養分。『世代を問わず、気軽に参加できる総合型地域スポーツクラブ』や『子どもが寝そべって遊べる芝生のグランド』といった〝果実〟の受け手ひとりひとりが水をやり、手入れをしなければ、その樹は枯れる」

回りくどいいい方をしているが要するに助成を求めるならサッカーくじをもっと買えということだ。もっとも問題なのは、日体協にはサッカーくじの助成金というあぶく銭は栄養分どころか、樹を根っこから朽ちさせる毒を含んでいるという認識がないことだ。

とにかくコンビニが加わることでサッカーくじの販売個所は一気に三万に拡大する。センターの破れかぶれのやり方に対してより強い反対行動を起こさなければならない。

3　クラブチームに一億円援助する文科省の本末転倒

「強い日本」を目指す現政府の政策は、経済、軍事ばかりでなく、スポーツにまでも及んでいる。アテネ・オリンピックを二〇〇四年に控えて文部科学省（文科省）は、「日の丸」を付けるオリンピック代表の強化に対して重点的な資金援助を行なっている。

「スポーツ強国づくり」のための国際競技力向上を国策的課題として取り上げたのは、一九八〇年代の中曽根康弘首相時代だった。その中曽根氏の国家主義、愛国主義の思想を受け継ぐ小泉純一郎首相のもとで、競技強化方針は、目標とするメダル獲得率を明示するほどに露骨になっているのだ。

オリンピックでのメダル獲得を基準にした競技団体への資金援助に加えて、文科省が新たに「トップレベルスポーツクラブ活動支援事業」を始める、と報道(二〇〇三年九月六日付『毎日新聞』朝刊)された。それによると、この新事業は、運営費を出資してくれる企業もなく経営難に苦しむクラブチームを援助することにより、オリンピックなどを目指すハイレベルの競技者の活動基盤を確保するのが目的だという。

援助の対象になるのは、「地域に密着した市民チームに類するクラブ」とされ、すでに、アイスホッケーの「日光アイスバックス」、ハンドボールの「広島メープルレッズ」、バスケットボールの「さいたまブロンコス」、バレーボールの「堺ブレイザーズ」、女子サッカーの「さいたまレイナス」の五クラブが内定している、という。援助額は一チームに対して三年間で最大四五〇〇万円(二〇〇三年度の援助金総額は一億二三〇〇万円)。

長引く不況による「企業スポーツ」の撤退でガタガタになった競技スポーツの基盤を新たにつくり出す、というのが文科省の理屈のようだ。

しかし、文科省の発想は、場当たり的で安直、といわざるを得ない。資金援助を受ける五クラブの実態を見れば、「地域密着」とはほど遠いのは明らかだ。地域で長年にわたって積み重ねられてきたスポーツ活動を基盤として作り上げられ、地域住民のアイデンティティにまでなってはじめて「地域密着」のクラブといえる。

五つのクラブは、地域に拠点を置いてはいるものの、その活動の有り様は、あくまでエリートスポーツを目指す活動であって、地域住民レベルの日常的なスポーツ活動とは結びついていない。それゆえに、住民による財政的なバックアップ（地方自治体からの資金援助）も得られないケースも多く、クラブの財政基盤は脆弱で経営難に陥るのは当たり前なのだ。

「地域密着」を強調しながら、実際には地域住民のスポーツ振興に結びつかない、限られたエリート選手らによる特定のクラブ活動に国が資金援助するというのは、とうてい納得できない。前項で指摘したように、地方公共団体スポーツクラブに対する資金援助は、ギャンブル資金（サッカーくじ）から分配され、しかも、今年度の最高額が六〇万円という低額だった。地域のスポーツ振興には、無責任で不安定なギャンブル資金を充て、特定のトップレベルのスポーツクラブには国が資金援助するというのは、本末転倒もはなはだしい。

神野直彦・東京大学教授は、こう指摘している。

「日本では芸術やスポーツが市場化されてしまっている。豪華なスポーツ施設が乱立していても、それは一部のプロ化されたスポーツ選手にしか利用されない。すべての国民がユニバーサルに利用できる施設は皆無といってよいほどである」（『「希望の島」への改革』日本放送出版協会）

国家主義や愛国主義を昂揚させるための「スポーツ強国づくり」の国策は、一刻も早く廃すべきだ。なによりも重要なのは、地域住民のだれもが、いつでも、どこでもスポーツ活動に参加し、その活動を通して豊かさを享受できるような環境づくりを重点施策とした取り組みが実行されることであろう。

4　最高二億円になるサッカーくじの不人気度

二〇〇四年二月一〇日、中央教育審議会のスポーツ・青少年分科会（座長、奥島孝康・前早稲田大学総長）は、スポーツ振興くじ・ｔｏｔｏの売り上げ増を狙って、最高当選金を現行の倍額の二億円（繰り越しがある場合）にし、競技場でも販売することを決めた。この決定をうけて文部科学省（文科省）は、二月末の閣議決定（政令改正を必要とする）を経て三月開幕の新シーズンから実施する予定だという。

すでに報じられているように二〇〇三年シーズンを対象にしたｔｏｔｏの売り上げは二〇二億七六一三万七五〇〇円で前年の約四〇八億円から半減した。その結果、当選払戻金、国庫納付金、経費を差し引いた残りのスポーツ振興助成金も当然、総額約五億円（前年は約二七億円）に激減した。

売り上げの減少を食い止めるために新くじの「ｔｏｔｏＧＯＡＬ」を追加し、販売店もコンビニエンスストア・ローソンを含めて約一万四四〇〇店に増やしたりしたものの成果がまったく上がらなかったわけだ。

文科省の担当者の話によると、スポーツ・青少年分科会（参加者一七人）では、売り上げの減少について「当たりづらい」、「予想するのが面倒だ」、「わかりづらい」などの意見が多かったという。そして、なかには、「サッカーより人気のある野球くじにしたほうがいい」という声もあったそうだ。

ｔｏｔｏの抱える本質的な問題を棚上げして、その程度の意見しか交わさず、文科省提案を承認しただけというのだから同分科会の存在意義を根本から疑わざるを得ない。

さて、約五億円の枠のなかで分配することになったために助成の対象となる事業も大幅に削られることになった。ｔｏｔｏを運営する日本スポーツ振興センターは、施設建設などのハード事業を一切削除し、「ソフト関連の事業」に絞る方針を決め助成の募集をした。その結果、地方公共団体とスポーツ団体あわせて六五七件の応募があったという。

しかし、助成金の減額や削除に対して悲鳴が上がっているばかりか怒りの声まで噴き出している。

たとえば、日本体育協会（日体協）の場合、前年一六事業に対して三億円の助成を受けたものが七八・四％も減額され三事業約六五〇〇万円に止まった。そのために、縮小はもちろんのこと休止や取り止めにしなければならない事業が多くでてくる、と関係者は悲鳴を上げている。また、地方体協に至っては、募集の対象から削除されてしまった。

「応募して審査の結果削られるというのであれば分かるが、スポーツ振興助成といいながら、応募を一切受け付けないとは、何事だ」と地方体協関係者は怒りを爆発させる。

いずれにしてもｔｏｔｏの売り上げが直接スポーツ振興に深刻な影響を与える実態がさらけ出されたといえる。いうまでもなく、売り上げの増減ではなく、ｔｏｔｏの存在そのものが問題なのだ。もともと、スポーツ振興は重要な政策課題でありギャンブルとは相容れない。それにもかかわらず、両者を安直に結びつけて「スポーツ振興くじ」というギャンブル商品をつくりだしたことに根本問題がある。

一九七二年、保健体育審議会は、それまでの高度なスポーツの振興重点主義から広く国民の体育・スポーツの普及・振興へ方策転換を目指す画期的な答申を出した。「国民の求める体育・スポーツを普及振興することは、国をあげて取り組むべき大きな課題」として、施設の整備充実、自発的なグループ活動の促進、指導者の養成を打ち出し、その経費について「国や地方公共団体は積極的に公費を投入すべきだ」と指摘した。

民衆が主人公として活動に参加できるようなスポーツの普及・振興のためには、当然公費を投入すべきなのだ。二〇〇五年一一月の法律見直しの際には、ｔｏｔｏ廃止とともに、七二年答申をさらに量質ともに充実させるような民衆スポーツの普及・振興策の再構築を目指すべきだ。

7章　サラ金にすりよるスポーツ界

1　スポーツ界が消費者金融に背負わされる債務

消費者金融のスポーツ界への進出が、スポンサーに止まらずチームの所有にいたるまで活発化している。

消費者金融を受け入れる最大の根拠として競技団体は、テレビ、新聞、雑誌などのメディアがCMや広告・宣伝を認めていることをあげる。

たとえば、女子バレーボールのVリーグに今シリーズから登場した武富士（イトーヨーカ堂チームを丸ごと受け継いだ）について日本バレーボール協会の砂田孝士専務理事は、こう説明する。

「かなり前には、消費者金融に対するテレビ局のアレルギーがあって協会としても消費者金融のチーム所有に反対する声明も出していました。しかし、最近では、消費者金融のCMがテレビで流されるようになり、武富士にチームを譲渡したい、とイトーヨーカ堂から話があったとき、テレビ局に伺ったところ『テレビスポンサーに入れているんだから反対しようがない』ということでした。それで会議にかけることなく会長、副会長や私らだけで承認しました。チームが減れば選手たちの生活に影響しますから武富士には感謝申し上げたい気持ちです」

つまり、日本バレーボール協会として消費者金融について独自の基準や考え方があるわけではなく、すべてテレビ局の意向に合わせて決めるということだ。砂田氏は、「テレビ局と協会は長年の関係があり運命共同体ですから」とも強調した。

二〇〇二年一二月にプロ野球・近鉄バファローズがアコムとスポンサー契約（一年間）したケースも同様だ。パ・リーグ事務局関係者は、民放テレビ各局をはじめ『朝日』『毎日』『読売』など大手新聞による消費者金融のCMや広告が承認の重要な理由になったと話している。

しかし、消費者金融のCMや広告を解禁しているメディアそのものに問題があるのだ。とくに影響力の大きいテレビについて消費者金融CMに視聴者から多くの批判が寄せられている。そうした状況を踏まえて、二〇〇二年一二月二〇日、「放送と青少年に関する委員会」（原寿雄委員長）は、「消費者金融CMに関する見解」を発表し、そのなかで民放各社に次のように要望している。

①民放連が定めている「児童および青少年の視聴に十分、配慮する時間帯」である一七時から二一時までの時間帯は消費者金融CMの放送を自粛する。

②金利および遅延損害金などについて、もっとわかりやすい表現を用いて明示するなど、借金をすることに伴う責任とリスクについても触れる。

③昨今の自己破産および多重債務の増加を踏まえ、安易な借り入れを助長するような内容ではなく、社会的責任を自覚したCMを放送する。

この要望は、利益第一主義に陥っているテレビ局がなりふり構わず資金のある消費者金融に飛びついている現状に釘を刺す重要な意義を持っている。民放各局は、自らの公共性や社会的責任に立脚して、これに誠意をもって応えなければなるまい。多重債務や自己破産の増加ばかりでなく、想像を絶する暴力的な取り立ても後を絶たない。テレビのCMや新聞等の広告が結果的にそうした惨い現実を隠蔽する危険性は大きい。

したがって、競技団体がメディアを消費者金融受け入れの免罪符のように使うのは、根本から間違っている。ましてや、「青少年に夢を与える」というスローガンを掲げ、スポーツを通して公益に寄与することを目的とする財団法人や社団法人という組織の性格からいっても、青少年に悪影響を及ぼすことが懸念される消費者金融を受け入れるべきではない。

長引く不況で企業がスポーツから続々撤退していき多くの競技団体が資金難に陥っているのも事実であろう。しかし、だからといって、その場しのぎに消費者金融をこのまま受け入れていけば、スポーツ界の荒廃や堕落に繋がるのは目に見えており、あげくのはてに一般の人たちのスポーツに対する信頼を根底から失う、という返済不可能な債務を背負わされることになるであろう。

2　武井会長逮捕でも武富士を切れないＪリーグ

消費者金融・武富士の武井保雄会長の逮捕（二〇〇三年一二月二日）で新聞・テレビは、掌を返すように武富士問題を大々的に報じ出した。

なにしろ、武井会長が逮捕されるまでほとんどのメディアは、武富士の引き起こした数々の事件についてほっかぶりを決めこんでいた。多くのメディアは、武富士からの広告収入を当てにしていたからだ。本来、メディアは、その公共性や社会的役割から一般企業より厳しい規範を求められている。その規範があれば、日本経団連会員、東証一部上場などという都合のいい口実を使って承認することなどあり得ず、武富士の広告を拒否していたはずだ。

厳しい見方をすれば、これまで広告を通して一般の読者、視聴者に、組織的に罪を犯した武富士を宣伝してきたメディアも罪は免れない。しかし、これらのメディアには、罪の意識など毛の先ほどもないように思われ、せいぜい場当たり的な対応をするくらいだ。

いかにも不甲斐ないことだが組織活動上の規範を見失ったスポーツ界は、メディアにすがり、メディアを免罪符にしている。そうしたことからメディアが動かなければスポーツ界も追従して何もしないだろう。

たとえば、一九九九年から武富士をオフィシャルスポンサー（協賛金は年間三億円、三年契約を更新し二〇〇四年まで）に加えたＪリーグの反応を見ても、そういえる。武井会長逮捕後、Ｊリーグの鈴木昌チェアマンは、こう発言している。

「表彰式（一二月一五日）については早急に対応しなければならないが、相手の出方も見て対応したい。消費者金融が協賛社として悪いというのはないが、今回の事件は（イメージとしては）困る」（二〇〇三年一二月三日付、『朝日新聞』）

露出度の多い表彰式について何らかの対応をするにしても、それはその場しのぎのものでしかない。聞き捨てならないのは、「消費者金融が協賛社として悪いというのはない」という鈴木チェアマンの認識だ。要するに、武井会長が逮捕された事件はＪリーグのイメージに関わる問題だが武富士の協賛そのものは問題ない、というわけだ。

Ｊリーグがオフィシャルスポンサーとして武富士を宣伝してきたことの罪を鈴木チェアマンはまったく自覚していない。最初に武富士と契約した川淵三郎・前チェアマンも同様だろう。組織的な犯罪を積み重ねてきたような企業をオフィシャルスポンサーとし、その企業にとって都合のいいイメージづくりに荷担しながら、「サッカー文化の創出」などという理念を掲げ続けるのは、Ｊリーグの大いなる欺瞞としかいえない。武富士からの協賛金分配を受けているフロントから選手にいたるＪリーグ加盟クラブ関係者も加担者であることを自覚すべきだ。

Ｊリーグと比べて人気度が低いとはいえ、武富士が直接チームを所有していることから、武井会長の逮捕で女子バレーボール・Ｖリーグは大きな衝撃を受けたはずだ。

ところが、日本バレーボール協会（協会）は、公式見解を一切発表していない。二〇〇一年イトーヨーカ堂から武富士がチームを引き継いだ際、協会幹部たちは、大喜びをし、武富士を賞賛さえした。そうした経緯から見ても協会が一切反応しないのも当然かもしれない。

一方、Vリーグ事務局の幹部は、基本的な見解をこう話した。

「監督や選手たちが悪いことをしたわけではないし、すでに組み合わせも決まっているから現状のままでいく。周りの情勢によっては、対応を考えるが、今のところこちらから行動を起こすことは考えていない」

協会、Vリーグ事務局や監督、選手ともに武富士チームを存続させることがどれだけ罪なことか認識していない。武井会長の逮捕を契機に、拝金主義に侵されて見失った存在意義を改めて見出すためにスポーツ組織は、武富士に対する明確な否定の意思表示と行動をとらなければならない。さもなければ自爆の危機に陥るであろう。

3　武富士の犯罪をごまかすバレーボールチーム

女子バレーボールを巡ってメディアは、アテネ・オリンピックの前には「メダルの可能性あり」と大騒ぎし、成績不振に終わると掌を返すように無視、という無責任さや御都合主義をさらけ出した。

Vリーグが始まっても話題として取り上げるのは、せいぜいアイドルタレント扱いしてきた「メグ」こと栗原恵選手の移籍ぐらいのものだ。Vリーグに武富士チームが存在し続けていることを異常だ思うメディアは皆無と言える。そのことこそ、まさに異常ではないか。

二〇〇四年一一月一七日、盗聴などの事件で罪に問われていた武富士の前会長・武井保雄被告に対して東京地裁は、懲役三年執行猶予四年の判決を言い渡した。

被害者の一人であるジャーナリストの山岡俊介氏は、武井被告の悪辣さを直接経験しているだけに、この判決を批判してこう発言した。

「実刑にしてほしかったので、残念な判決だ。高額の贖罪寄付をしたり、示談をしたり、カネで買った執行猶予判決だ」(『朝日新聞』二〇〇四年一一月一七日付夕刊)

会長を辞任したとはいえ武富士の役員に親族がおり、武井被告は影響力を持ち続けていると言われている。

武井前会長の会社ぐるみの犯罪に有罪の判決がなされた事態は、武富士チームと無関係ではあり得ない。スポーツ組織としての規範に照らして犯罪を犯した会社のチームの存続は許されないはずだ。しかし、武富士の参入に双手をあげて賛同した日本バレーボール協会(協会)はいうまでもなく、Vリーグ機構(リーグ)の関係者にいたるまで武井前会長の有罪判決を少しも意に介していない。

ある幹部は、こう応答した。

「武井前会長に対する判決について一切問題にしていません。判決の連帯責任をチームに負わせるというのはどうかと思います。会長は退かれたし、武富士として信頼回復のためにいろいろと行動しようとしていますし。ただ、それでも問題があるという厳しい意見のあることを上の方に伝えます」

チームが負わなければならないのは、連帯責任ではなく直接責任だ。罪を犯した会社を宣伝し、その犯罪をごまかすようなことは反社会的な行為でありチームの責任が厳しく問われるのは当然である。

監督から選手にいたるまで、そうしたことを自覚せずに会社がどうあろうとバレーボールさえやれればいい、という意識しかないのも重大な問題だ。Vリーグの社会的影響を考えれば、そうした無自覚、無責任なものには、チームを構成する資格がないと言っても過言ではなかろう。

武富士チーム問題の根本には、企業に頼ることしか頭にない競技団体の体質がある。バブル経済の崩壊後、企業が雪崩を打ってスポーツから撤退していくなかで競技団体は、あわてふためき、嘆くだけで何らの方策も打ち出せなかった。

協会やリーグは、基本にすべき思想も追求すべき理念もまったくなく、このままだと自滅していくしかあるまい。この機会に協会やリーグは、監督、選手を含めて武井前会長をはじめ幹部らに対する有罪判決にきちっと向き合い、武富士チームの存続の是非について議論をすべきであろう。その議論から、よるべき思想や求めるべき理念を考える糸口が見つかるかもしれない。

8章　日の丸とスポーツ――国威発揚「がんばれニッポン！」

1　長嶋日本代表監督がもたらす深刻な事態

二〇〇二年一一月末にメキシコで開かれたＩＯＣ（国際オリンピック委員会）総会は、野球、ソフトボール、近代五種をオリンピック種目から除外する、というプログラム委員会の提案をめぐって紛糾した。結局、除外対象とされた競技の国際組織の圧力によって、結論は先延ばしとなった。

オリンピック大会のスリム化を掲げて、自己の存在意味をアピールしようと考えていたロゲＩＯＣ会長のもくろみは、もろくもつまずいてしまった。既得権益を守ることしか考えない利権集団の組織に成り下がったＩＯＣに、スリム化などの改革ができるわけはない、という常識をロゲ会長は持ち合わせていなかったのであろう。

野球、ソフトボールの除外に反対する日本の関係者も利権集団の一員であることはいうまでもない。加えて、「メダル獲得の可能性がある競技を除外されるのはとんでもない」というのが関係者の一致した発想だった。

ＩＯＣ総会が終わった直後の一二月二日、二年後のアテネ・オリンピックを目指す野球の日本代表チーム監督に長嶋茂雄氏（前巨人監督）が就任した。長嶋氏は、二〇〇二年四月から就任していた強化本部長を兼務するとともに、無期限で監督を務めるという。

巨人時代になじみの深い背番号「3」を希望するあたりは、長嶋氏の素朴さなのかもしれないが、こんな声もあった。「現役引退の際に『巨人軍は永遠に不滅です』と長嶋さんはいったけど、不滅なのは巨人ではなく背番号3の長嶋さん自身だということなんですね」

長嶋氏の日本代表監督就任について、ほとんどのメディアは、長嶋監督であればプロ野球球団が主力選手の派遣に協力せざるを得ない、とか長嶋監督への注目度や放送権料など金銭面で期待できる、などなど賛意を表明した。

しかし、どのメディアも監督としての長嶋氏の能力については、一切触れていない。ありあまる戦力を擁しながら巨人を優勝に導けなかったことで長嶋氏は監督としての能力に厳しい評価を受けた過去もある。

「本気でアテネ・オリンピックの金メダルを狙うなら指揮・管理能力に疑問がある長嶋氏を監督にするのは、おかしい。何かほかに狙いがあるとしか考えられない」という見方がかなりある。

日本代表監督就任の記者会見で長嶋氏は、胸を張ってこう発言した。

「国民が待望しているように是が非でもアテネの聖地で日の丸をあげたい」

新聞報道でこの発言に接した瞬間、体中に寒気が走った。長嶋氏は意識していないのであろうが、「聖地で是が非でも日の丸をあげる」というような言辞は戦前の国家主義による国威発揚のためによく使われた。長嶋氏は、その言辞によって誇らしげに国家主義のシンボルになることを宣言したわけである。そのような発想で長嶋氏が日本代表チームを引っ張っていくことには大いに問題がある。それればかりか、長嶋氏の日本代表チーム監督就任が渡邉恒雄・巨人オーナー（読売新聞グループ本社社長）の仕組んだものであることを考えるときわめて危ないものを感じざるを得ない。長嶋氏は、渡邉オーナーの意のままに操られているだけだといっても過言ではなかろう。

二年前にはオリンピックを痛罵し、今年になるや、「オリンピックで金メダルを獲る」と言い出す、この渡邉オーナーの極端な変節は、球界、そしてメディア界のドンとしての野望を表しているともいえよう。

いずれにしても、松井秀喜選手の大リーグ入りが決まれば、野球ファンの大リーグへの関心が一層広がるのは間違いない。それとは対照的に松井選手の抜けた穴が埋められずファンの巨人離れ、プロ野球離れに拍車がかかるのは必至だ。国威発揚の先頭に立つ長嶋・日本代表チームに関心を集めるような企みによって問題解決への取り組みがなおざりにされるならばプロ野球界は、ますます深刻な事態を迎えるであろう。

2 「日の丸」を強調しすぎる長嶋ジャパン

「日の丸を背にした重みをかみしめ、なにがなんでも勝たねばならない」、「フォア・ザ・フラッグ（旗のために）」

アテネ・オリンピック予選を兼ねた野球のアジア選手権に出場した日本代表チームの長嶋茂雄監督は二〇〇三年一一月六日、このように「日の丸」を前面に押し出した。指揮官に従うように選手たちも口々に「日の丸」の重さを強調した。一方、試合を中継したテレビのアナウンサーも、執拗に「日の丸の重さを知れ」と扇動した。オリンピックへの出場権を得たことで、「長嶋ジャパン」を巡って「日の丸」を強調し、扇動する動きがますますエスカレートするのは間違いない。

長嶋監督らの強調する「日の丸の重さ」が意味するのは、国家への忠誠や国家の威信を背負うということであろう。その意味から、「長嶋ジャパン」は、日本国家の進める「戦争のできる国」への軍国主義化、ファシズム化を一層促進する政治的役割を果たそうとしているといえるのだ。長嶋監督をはじめメディアにいたるまで、「日の丸」を強調することがそれほど重大なことだと自覚しているとは思えず、余計に危険性と恐ろしさを感じる。

「日の丸」の持つ真の重さは、日本国家が犯した植民地支配や侵略戦争の象徴であったという、歴史の重さだ。それゆえに、「日の丸」を強引に国旗とし、しかもその掲揚を強制することに対する反発や批判は、広範に存在している。とりわけ、教育現場での「君が代」「日の丸」の強制が露骨になり、矛盾を感じ、葛藤し、怒りを抱く教職員は多い。『心のノート』をはじめ、「日の丸」「君が代」の強制などによる政府の企図する国家への忠誠心の涵養が戦争への総動員に繋がるのは目に見えているからだ。

文部科学省に統括されるスポーツ組織は、そうした危険や恐ろしさに無自覚なばかりか、むしろ率先して、あらゆる場で「日の丸」を掲揚させ、「君が代」を斉唱させ、政府の企図の浸透に大きく寄与している。一方、政府は、今年の秋の褒章で五〇歳以上という年齢条件を撤廃し、国際大会で「日の丸」を背負って優勝し、「国家の威信」を示した水泳の北島康介、柔道の田村亮子、体操の鹿島丈博の三選手にその勲功に報いるとして紫綬褒章を与えるというあざとさを見せつけた。

アテネ・オリンピックに向けて「フォア・ザ・フラッグ」をスローガンとして「日の丸」を前面に押し出すのは、国威発揚を露骨に表現することであり、現在の危険な動きを加速させる政治的影響力を持つことを改めて強調したい。

長嶋監督は、オリンピック憲章が国境を超えた相互理解や連帯を目指すという理想を掲げていることをご存じだろうか。たしかに、国威発揚のナショナリズムによって、その理想が崩れているのは事実である。だからといって、理想崩しに荷担すべきではなかろう。

長嶋監督をはじめ、すべてのチーム関係者に強く訴えたいのは、許されざる歴史のシンボルとしての「日の丸」にきちっと向き合ってもらいたい。言い換えれば、「日の丸」を絶対的なものとして追従するのではなく、「日の丸」を相対的に見る目を持ってほしいということだ。

「人種、宗教、政治、性別、その他を根拠とする、国もしくは個人に関する差別は、いかなる形の差別であっても、『オリンピックムーブメント』への所属とは相容れないものである」（オリンピック憲章）

この規定にてらせば、被差別部落、アイヌ、在日朝鮮の人たちなどに対する差別が行なわれている日本は、オリンピック運動とは相容れない。そうした差別をなくさなければ、オリンピックに参加し、メダルを獲得しても、日本は国際社会の信頼は得られないだろう。

スポーツの価値を十分に発揮させるために国内外を問わずスポーツの舞台でもっとも重要なことは「国を背負う」のではなく、「国を超える」思想と行動である。

3 サッカーW杯などで愛国心あおる『心のノート』

二〇〇三年六月六日、参議院本会議で有事法制関連三法が可決・成立し、一三日から施行された。それにしても同法に対する賛成が約九割という現実を前にして、それほどに多くの好戦的な人間が国会議員に選び出されていたことに今さらながら愕然とした。戦時法の成立で、「戦争ができる国」の枠組みが出来上がった。次に小泉純一郎首相ら政府が企図しているのは、その枠組みを支える「こころ総動員法」だ、と高橋哲哉・東京大学大学院教授は強調する。

「人びとの心に国家が介入し、日本をふたたび『戦争ができる国』にするために必要な教育を『国家の統治行為』として行っていく。新たな教育基本法が『こころ総動員法』としてつくられている。そのときに初めて『有事法制』が意味をもつ」（『「心」と戦争』晶文社刊）

教育基本法の改正に向けて着々と準備が進められているなかで、その動きを後押しする企図のもとに文部科学省は、昨年から小・中学生に『心のノート』を無料配布している。

最近になって『心のノート』を問題にする識者の発言が活発になってきた。

「いま推し進められている道徳教育強化政策のなかでは、『改正』教育基本法が新たな『教育勅語』で、『心のノート』が新たな『修身』の位置づけになっていると考えるべき理由が十分あるのです。……国家が人びとの心を、子供たちの心をまるごと籠絡していくという意味ではかつての『修身』と本質的に変わらない、現代版の『修身』、グローバル化の時代の『修身』がここに立ち現れてきているのではないか」（『「心」と戦争』）

現代版「修身」を子どもたちにすりこむために、スポーツも巧妙に動員されている。中学生用『心のノート』に次のような記述がある。

「法やきまりは、スポーツのルールと同じこと。……競技の中でルールはだれもが守るべきものとしてさだめられ、もしこれに反する行為があったら、失格となり、罰せられる。世の中に目を転じれば、法やきまりは、つまり社会のルール。スポーツのルールと同じことなのだ」

この点について三宅晶子・千葉大学助教授は、こう批判する。

「法律は多種異なる力関係の中にある人々の権利を保障するために、歴史のさまざまな局面において制定したり改定したり廃棄したりしてきたものです。競技を成り立たせるため、参加者の合意のもと一定時間守らなければならないスポーツのルールとは根本的に違い、場合によっては人間の一生や生死さえも左右しかねないものでもあります」(『「心のノート」を考える』岩波ブックレット)

法とスポーツのルールとの違いということもあろうが、どのような哲学、理念、政策などによって法やルールが成立したり、変えられたり、廃棄されたりするのか、という視点がまったくなく、ただ単に「守る」ことだけを強調しているのは重大な問題だ。

また、三宅氏は、中学生用『心のノート』のなかにある「我が国を愛しその発展を願う」の授業例を紹介している。そこでも、日韓共催サッカー・ワールドカップの日本対ロシア戦のビデオが使われ「国歌が流れ、国旗がはためいている場面を見て、皆さんはどのような思いを持ちましたか」と先生が生徒に質問する。「国歌を心をこめて歌う選手の姿を見ていると、日本のサッカー代表ということに誇りを持ち、心の底から日本を愛しているんだなぁと思います」という感想がほとんどだったという。

「スポーツ選手の真剣さを旗・歌のシンボルとオーバーラップさせて作り上げられていく『愛国心』という感情の在り方に、まさに今私たちの批判力が問われているのではないでしょうか」

（同ブックレット）

戦前・戦中、軍国主義国家に利用されたスポーツは、今また新たな国家主義に絡め取られ、「愛国教育」のために悪用されているのだ。

4 森山直太朗は「君が代」を本当に歌うのか

二〇〇四年一月一二日付『日刊スポーツ』に「サッカー日本代表戦あるぞ　森山直太朗『君が代』」の見出しの記事が載った。その内容を要約するとこうだ。一月一一日に収録されたニッポン放送の「キャプテン川淵の行こうぜ！　オレたちのニッポン」にゲスト出演した森山氏に川淵三郎・日本サッカー協会会長（本人はキャプテンと呼ばせている）が日本代表戦で「君が代」を歌ってほしいと要請した、という。また、森山氏の確約を得られなかったものの、「来てくれたらファンも盛り上がる」と言った川淵氏の熱望ぶりも伝えている。さらに、「君が代」独唱が日本代表戦のセレモニーとして定着しているとも記されている。

スポーツ界は、「日の丸・君が代」が過去に日本が犯した植民地支配や侵略戦争という重大な過ちの象徴であることを一顧だにせず、国旗・国歌法の成立を目指して総動員態勢で臨んだ。そして法案成立後は、あらゆるイベントに「日の丸・君が代」を氾濫させており、サッカー界もその例外ではない。

それにしても、サッカー界のトップであるばかりでなくJOC（日本オリンピック委員会）理事という責任も影響力も大きい立場にありながら、人気歌手に「君が代」を独唱させてイベントを盛り上げて、露骨に国威発揚を強調する川淵氏の国家主義的発想を厳しく批判したい。

サッカー日本代表戦で定着しているという「君が代」独唱の実態を編集部に調べてもらった。改めて動員された歌手の多さに驚いた。

その歌手を以下に列挙してみる。

北島三郎、松崎しげる、つのだ☆ひろ、布施博、中島啓江、柳ジョージ、中西圭三、山本譲二、中丸三千繪、大橋純子、渡辺美里、森進一、冴木杏奈、上田正樹、徳永英明、小比類巻かほる、安念千恵子、J―WALK、稲垣潤一、ゴスペラーズ、坂本サトル、渡辺真智子、辛島美登里、茂森あゆみ、西城秀樹、五木ひろし、八代亜紀、山口岩男、カールスモーキー石井、野口五郎、工藤静香、氷川きよし、佐藤竹善、和田アキ子、川村結花、錦織健、光谷亮太、西川貴教、など（Jリーグの試合前に歌った歌手も含む。また、ぬけているものもある）。

そして、先の記事によると、二月一八日に埼玉スタジアムで行なわれるワールドカップ・アジア一次予選の日本対オマーン戦で森山氏が歌う可能性があるという。

列挙した歌手の一人ひとりが「君が代」に対してどう向き合い、どう考えて歌ったのか知る由もない。ただ、ひとついえるのは、「君が代」が象徴する過去の歴史について無知か、あるいは、その歴史を無視するかしなければ歌えないはずだということだ。「日の丸・君が代」がもたらしているひどい現実を見れば、そうした無知や無視が許されないことだとわかるだろう。

『週刊金曜日』二〇〇四年一月一六日号に新島洋氏が書いた、「『起立！』『斉唱！』強制で窒息する教師たち」は、教育現場での「日の丸・君が代」強制とそれによる統制の実態を浮き彫りにしている。また、同号で編集部の糟谷廣一郎氏が記した養護学校に対して出された国歌斉唱の際に介護者に正座をさせる職務命令なども含めて、その実態に驚くとともに心底から怒りを覚えた。

小泉純一郎政権は、ついに自衛隊のイラク派兵を断行し、日本を「戦争する国」にひきずりこんでしまった。小泉政権は、今後一層、国家主義を拡げるために「日の丸・君が代」を大々的に利用しようと画策するだろう。教育現場の事態もますます悪化していくに違いない。

当然、スポーツ界も絶好の道具として利用されるだろう。二〇〇四年八月に開催されるアテネ・オリンピックを国威発揚の舞台にするためにメダル獲得率をアップして、「日の丸・君が代」を世界に強く印象づけよ、と文部科学省はＪＯＣに圧力をかけている。

いずれにしても今後、「日の丸・君が代」が日本列島を覆っていく恐れが多分にある。それに対する批判の声を拡げていかなければならない。

9章　政治とスポーツ

1　三万人のマラソンに潜む石原都知事の野望

アテネ・オリンピックの「メダルラッシュ」やプロ野球再編問題などの大々的報道にかき消されてしまったが、石原慎太郎・東京都知事のぶち上げた「三万人の東京マラソン」構想は、見過ごすことができない重大な問題をはらんでいる。

都は、二〇〇三年、この構想を明らかにしたが、ここにきて改めて石原都知事自ら来年に実施（時期は不明）することを発表した。利害の絡んだメディア間の確執で実施に向けた作業が遅々として進まず、業を煮やした石原知事が発破をかけたようだ。

東京を舞台にした国際マラソンは、男女各一大会ずつある。そのうち女子マラソンは『朝日新聞』、男子マラソンは『読売新聞』と『産経新聞』が一年ごとに、それぞれ主催している。警察庁や警視庁は、これらを一本に統合することを条件に三万人規模の東京マラソンを認めたという。

この一本化について、『読売新聞』と『産経新聞』は同意しているらしい。しかし、『朝日新聞』は、初めて東京での国際マラソンを実現させ、女子マラソンの実績を上げてきたことから一本化に同意していない。

石原知事は、「新聞やテレビの主催は一切やめて、都と日本陸上競技連盟（日本陸連）でやればいい」と、強硬意見も吐いているらしい。この石原知事のメディア排除に対して日本陸連は、さすがに躊躇しているらしい。日本陸連の関係者は、こう話す。「これまでお世話になってきたメディアを切るというのは、難しいですよ。たとえば、年ごとに主催一社と共催二社を交代していく、というようなことも考えられる」。

また、別の面から新聞社は、石原知事の構想に批判的になっている。

それは、このマラソン構想を積極的に推進しようとしているのが笹川スポーツ財団（会長・小野清子―前国家公安委員長）だということだ。

同財団が二〇〇四年の初めに出した文書には、こう記されている。

「笹川スポーツ財団は、二〇〇五年東京都心において、多くの市民ランナーの夢である数万人規模の市民マラソン『ＴＯＫＹＯマラソン』の開催実現をめざしております。二〇〇三年度は、目標とする海外マラソンの実態を把握するため四月にロンドンマラソン、一一月にニューヨークシティマラソンの調査を行いました。……」

また、そうした海外マラソンの大会責任者などを日本に招いてシンポジウムも開催している。

笹川スポーツ財団は、それほどまでに東京マラソンに意欲を燃やしているのだ。その裏には、石原知事と親しい関係にある曾野綾子・日本財団会長（笹川スポーツ財団の親財団）の働きかけがあるのは間違いない。

石原、曾野という右翼の人物が連携して実現する三万人のマラソン大会というのは、露骨な政治的プロパガンダ以外のなにものでもない。

そして、石原知事の強引なやり方から強行突破することも大いにあり得る、という見方もある。

「新聞社がいつまでも一本化を拒んでいると、石原知事は、日本財団をスポンサーにして、中継はＮＨＫにやらせる、ということもあり得る」（日本陸連関係者）

「ロンドン、ニューヨークを凌ぐ世界一の大会にせよ」という石原知事の指令のもとに、これまでのところ、二〇〇五年秋ごろの実施をめざして、世界のトップクラスから市民ランナーまで三万人を集める、都内の名所、旧蹟を取り込み銀座通りを貫くワンウエイ（折り返しのない）コースを新設する、賞金付レースにする、など具体的な検討が進められているようだ。

石原知事が「二〇〇五年実施」を発表した以上、新聞社は否応なく対応を迫られるだろう。石原知事と日本財団・笹川スポーツ財団の連携に対して、どのように反対していくかが新聞社の重要な課題になるだろう。

それにしても新聞三社をはじめとしてメディアは、東京マラソンで石原知事が何を狙っているのか都民に知らせる義務を怠っている。

石原ファシズム都政のプロパガンダになるだけの東京マラソンを実現させてはなるまい。

2　スポーツを売り物にするワセダの商法

『朝日新聞』二〇〇二年七月一九日付朝刊に「早稲田大学とアディダスジャパンがスポーツ分野での包括的パートナーシップの契約を結んだ」という囲み記事が掲載された。

大学の競技部では多々あるケースだが、大学そのものとスポーツグッズメーカーとの契約は、海外ではともかく国内では例のないことだ。

アディダスが自社製品を同大学に売り込むための契約、と単純にとらえた同大学関係者もいた。「ワールドカップでサッカーが盛り上がった。次はラグビーだというのがアディダスの考えで、人気の高い早稲田のラグビー部にウエアやシューズなどの用具について契約をもちかけた。同部がその話に乗ったのが、包括的契約のきっかけで、それ以外のことはまだ何も決まっていない」

しかし、「包括的パートナーシップ」（契約期限は三年間）というからには、そのような単純な話ではなかろう。同大学の広報室関係者は、その内容をこう説明する。

「交わされた覚え書きの主要な点は、一にスポーツプロモーション、二に学術研究、三にブランドビジネスということです」

「包括的パートナーシップ」という表現はいかにもあいまいだが、具体的な内容はこれからの検討課題になるようだ。そうしたなかで唯一、ラグビー部のジャージや用具について契約が成立した。それにしても、いまなぜこうした契約を結んだのか。

同契約について、奥島孝康総長は、「大学スポーツへのビジネス的取り組みが必要」と述べている。同大学のスポーツが低迷し続ける状況下で奥島総長は、「スポーツで早稲田を活性化しよう」と、諮問機関として「早稲田スポーツ振興協議会」（委員長・佐藤英善副総長、ラグビー部長）を設置した。そして、二〇〇〇年四月に同協議会が答申をまとめ、それにもとづいていろいろなプロジェクトが動き出した。

たとえば、その一つとして「スポーツメセナ研究所」が設立され、カレッジスポーツのあり方、スポーツ医科学、スポーツマネジメントなど幅広い課題について研究を始めている、という。

奥島総長がもっとも力をいれたのは、従来の「人間科学部」を明確に二分し、二〇〇三年四月から「スポーツ科学部」を新設することだ。

同大学広報室関係者は、同学部の目標をこう説明する。

「運動部を強化することより、スポーツ医科学などの学術研究やスポーツマネジメントなどの分野で国際的に通用する人材を育成することに重点を置いています」

しかし、他大学の体育・スポーツ担当者たちは、そうは見ていない。「一学年の定員が四〇〇人ということですが、そのうち半分ぐらいはトップクラスの高校生選手を採る可能性がある。そうなると有力選手を根こそぎもっていかれてしまうことになる。みな戦々恐々としてますよ」（あ

る体育大学の教授)

「大学は企業なり」という考え方の奥島総長にしてみれば、「スポーツ科学部」は、早稲田大学という企業における広告・宣伝の戦略拠点と言えよう。同部の運営と今回のアディダスとの契約が関連性をもってくるのは間違いないであろう。

一方、アディダスの狙いについて国内のスポーツグッズメーカー幹部は、こう推測する。

「地盤沈下している大学スポーツに手を出さないのが国内メーカーの常識です。しかし、早稲田は陸上、ラグビー、サッカーなどの競技団体を学閥で牛耳っている。アディダスは、そうした早稲田閥の影響力も計算に入れているのかもしれません」

少子化時代を迎えて学生確保の熾烈な競争がおこなわれているなかで早稲田大学は、奥島総長の企業化路線に沿って、スポーツ分野での「産学協同」を断行し、それを新たな売り物にしようという魂胆らしい。その魂胆の安直さもさることながら、大学の独立性、自治制を侵す「産学協同」思想は早稲田大学の荒廃につながる根本問題といわざるを得ない。

3　約四〇年ぶりに高知国体で実現する常識

二〇〇二年一〇月二一日から始まった高知県での国民体育大会(国体)秋季大会は、珍しく話題として盛り上がっている。なにしろ、この国体で過去三八年間にわたる「開催県連続優勝」記録が途切れるとあって、賛否両論入り交じり話題の渦を巻き起こしているのだ。

もともと開催県の連続優勝自体が、極めて異常なことであった。それにもかかわらず国体を主催する文部科学省、日本体育協会、地方自治体の三者は、それを三八年間も黙認し続けてきた。その裏には、国体での天皇杯（男女総合優勝）を象徴として利用する国民統合の政治的意図が働いていたのは間違いない。そしてその意図を実現するために、都道府県対抗という形式が有効に機能した。

天皇杯獲得のために開催県は、異常な選手強化や県外選手の移入などあらゆる策を講じた。秋季国体の開会式には必ず天皇・皇后が臨席し、天皇杯獲得の意義を裏付け、それとともに競技用のハコモノや道路整備など、土建行政の口実としても利用されてきた。

そうした経緯から、橋本大二郎高知県知事が「いつも最下位に近い高知県が開催県になっていきなり優勝するのはおかしい」と、天皇杯獲得にこだわらない方針を示したことは他県の首長にとって衝撃だったに違いない。

国体のたびに問題となる開催県の財政負担についても、橋本知事の言い分は、極めて常識的だ。「各都道府県で人口規模、競技施設、宿泊施設などの違いがある。それを無視して同一企画の大会を毎年持ち回りで開催するのはおかしい」

橋本知事は、高知県の厳しい財政状態を踏まえて、ハコモノづくりや道路整備をせず、経費を切りつめた簡素な大会を目指した。

「国体簡素化」だけで、国家主義の本質を改革できなかった高知大会

大会運営面でも徹底して経費節約を図っているようだ。たとえば、どの大会でもメインスタジアムに大会中炬火が灯され続ける。その炬火を開会式の時だけ灯して後は消してしまう。種火はどこかに保管して置くらしい。また、国体史上はじめて閉会式を室内で行なう。

「高知から国体を変えたい」という橋本知事の意気込みは、たしかに伝わってくる。他の都道府県の首長のなかにも「国体簡素化」という橋本知事の主張に同調する声はかなりある。しかし、橋本知事は国民統合に利用される国体の政治的な本質までも変えようとは考えていない。「天皇杯にはこだわらないとしても、橋本知事は、NHK時代に宮内庁を担当した経験があるからでしょうが、これまでに例のないほど多くの皇室関係者を招いて、大会に威厳を持たせる考えのようです。同時に自分の存在感もア

ピールできますから」（地元報道関係者）

天皇・皇后をはじめとして〝宮様方〟が次々と高知入りするという。

もはや国体を変えるという段階ではなく、国体を廃止すべき時なのだ。国体は誰のための、何を目的とする大会なのか、改めて問うてみる必要がある。

国体の歴史を検証してみれば、明らかに文部科学省、日本体育協会、地方自治体が結託して意図的に人種差別の重大な罪を犯してきている。それは、日本の国籍を持つ「国民」だけに国体への参加資格があり、日本に永住している在日朝鮮、韓国人、台湾人などは排除されてきた歴史である。こうした「国民」と「非国民」との露骨な差別のうえに成り立ってきた国体は、一時も早く廃止すべきである。

石原慎太郎・東京都知事の「第三国人」発言の差別事件に象徴されるように、日本国籍を持たぬ在日外国人に対する排斥の動きが強まっている。国体が続く限り、そうした動きを助長することにもつながる。

国体を廃止すれば、スポーツは国家の呪縛から少しは解き放たれることになるであろう。それとともに、いかなる差別も超えて、すべての人がスポーツを享受できるような、新たな道を考える契機ともなる。高知国体を機会に国体廃止の声を大きく広げることが必要だ。

4　青森冬季アジア大会が歓迎されない理由

二〇〇三年二月一日に開幕する青森冬季アジア大会は、「歓迎されない大会」といっても過言ではなかろう。一般の関心が薄いばかりでなく地元でさえ歓迎のムードはいっこうに盛り上がっていないようだ。

一月二六日投票の青森県知事選で「情報公開」や「ハコモノ行政」が争点になっているのも、この大会をめぐる県民無視の県行政に対する批判を表わしているといえるであろう。一九九九年一一月、地元紙・『東奥日報』のスクープ記事によって、この大会の運営経費膨張問題が表面化し、県議会での紛糾に止まらず県民の批判も噴出し、大混乱となった。

大会招致の段階で県議会の承認した運営費は八億円だった。ところがOCA(アジアオリンピック評議会)の規定に沿った試算だと七倍の五六億円になる。この異常な運営費膨張を知事や県行政は隠蔽していた。『東奥日報』は、その事実を明らかにするとともに糾弾したのだった。

それ以後、運営費膨張の経緯について県議会での追及が続けられたものの肝心な情報は明らかにされなかった。結局、五六億円を三九億円に削減するという知事・県行政の提案が承認された。この三九億円にしても、どのような根拠によるものなのか明確にされてはいない。したがって県民が納得するはずもなく、「情報公開の徹底」を選挙公約に掲げる候補者の知事選への出馬につながったといえよう。

また、大会の開閉会式に間に合わせるように一〇〇億円を超える資金を投じて「青い森アリーナ」(体育館)を建設するなど「ハコモノ偏重の行政」に対する批判を掲げた立候補者も出馬した。

一方、自然保護団体の「岩木山を考える会」は、大会に合わせて自然環境破壊に対する行政訴訟を起こすための準備を進めている。

同会は、コクド(堤義明会長)が経営する鰺ヶ沢スキー場の拡張計画に強く反対し、工事差し止めなどの訴訟をはじめ多様な反対運動を続けてきた。しかし、堤氏と結託した知事・県行政が欺瞞に満ちたやりかたで拙速に拡張工事を認可した。これを受けてコクドは、あっという間にブナやヒバを含む二〇〇〇〜三〇〇〇本の樹を伐採し二つのコースを造ってしまった。「一般スキー客を集めるのが目的」といいながら拡張工事を異常なまでに急いだ裏には、新設コースで大会のスキー・フリースタイルとモーグル競技を行なう狙いがあったのだ。

同会の阿部東会長は、県のやり方に強く怒る。

「オリンピックでも一本の樹を伐れば罰金を科すというようになってきているなかで、くだらない計画のために二〇〇〇本以上もの大切な樹を伐り、大切な森を伐ってしまった。そうした拙速行政の内実を県民の前に明らかにするために大会が開催されるのをいい時期と考えて行政訴訟を起こすための取り組みをはじめています。このスキー場拡張問題についての行政訴訟を通して、県の遅れた自然保護行政を明らかにするとともに、地球の温暖化などにも結びつけた広い環境意識を県民のなかに拡げていきたいと考えています」

同会では、かつてスキー場拡張反対の署名が一万四〇〇〇人も集まった経験から、行政訴訟の原告団も出来るだけ多く集める（少なくとも三ケタ）方針だという。

現地では、朝鮮民主主義人民共和国（北朝鮮）選手団や皇太子を初めとする皇室関係者のための警備体制づくりに必死だという。この警備にかかる人件費も経費膨張につながるだろう。いずれにしても、大会後に改めて、運営経費に関する詳細な情報公開の要求が出るのは間違いない。

最後に、大会開催に重大な責任を持つＪＯＣ（日本オリンピック委員会）に猛省を促したい。大会招致のお先棒を担ぎながら、後は県に丸投げして責任を回避してきたＪＯＣの無責任さは許されるべきではない。地元民から批判され、歓迎されないような大会の招致を二度と繰り返してはなるまい。

5　西武鉄道専務逮捕で噂される堤会長の今後

総会屋に対する不正な利益供与があったとして二〇〇四年三月一日、西武鉄道（埼玉県所沢市）幹部が逮捕されたとの報道に接した際、まっさきに思ったのは、堤義明氏の身の処し方であった。

堤氏は、同社会長であるばかりでなく、「西武鉄道グループ」の「総帥」と言われるほどに強力な権力を握っている。裏を返せば、堤氏は、それだけ多大な責任を負っているということでもある。したがって今回の事件についても、「総帥」として責任は逃れられないはずだ。

もちろん、堤氏まで責任を及ぼさないように、あらゆる手が打たれるであろうことは容易に推察できる。

しかし、総会屋との深い関係に象徴されるように、西武鉄道は、法を犯して不正を行なうことを厳しくチェックする意識をまったく欠いており、荒廃の根は深い。そうした企業経営の荒廃を招いた責任が絶対的な権力を握る堤氏にあるのは否めないだろう。事件が明るみに出た後、堤氏は、日本経団連理事のポストを辞したが、スポーツ組織関係の要職については身を引くつもりはないらしい。現在、堤氏は、ＪＯＣ（日本オリンピック委員会）名誉会長のほか全日本スキー連盟と日本アイスホッケー連盟の会長、そして日本体育協会理事などの要職に就いている。

こうしたポストを背景にしながら堤氏は、ＪＯＣや日本体育協会に絶大な影響力を堅持しており、両組織の会長人事などを実質的に動かしている、と言われる。

ただ、堤氏は、裏で糸を引く、いわゆる「院政」を得意としており、その影響力が見えにくい。唯一、堤氏が表の場に出てきたのはＪＯＣ会長に就任したときであった。ちょうど長野冬季オリンピック招致が動き出しており、堤氏はその先導役を担っていた。しかし、競技場の開発に対する自然保護団体の猛烈な反対で堤氏は、開発計画を断念せざるを得なかった。そのうえ、軽井沢に計画したゴルフ場建設に対して住民が訴えを起こし、堤氏はこの計画も取り下げた。こうした相次ぐ挫折で堤氏は、わずか九ヶ月でＪＯＣ会長を辞任した。

ＪＯＣ会長を続ければ、一層批判の的になり、企業グループのイメージを悪くし事業に影響しかねない、というのが辞任の理由だったようだ。要するに事業のためなら、ＪＯＣ会長のポストなどほっぽり投げてもいい、というのが堤氏の考えなのだ。

ともかく、表面に出ることに懲りたのか、それ以後、堤氏は、得意の裏で糸を引くやりかたに徹したようだ。ＪＯＣなどは、堤氏がいつでも判断を下せるように、日常的に内部情報を漏れなく堤氏が会長を務めるコクドに伝えている、という。

ＪＯＣ理事会を構成する二三人のメンバーのうち誰一人として堤氏に対して意見を言う者はいないし、ましてや批判など一切でない。その見識のなさや志の低さには絶望せざるを得ない。今回の事件についてもＪＯＣ内部で堤氏の進退を問題にすることなどまったく考えられない。

一方、プロ野球に関しても堤氏は、西武ライオンズのオーナーとして影響力を持っている。ただし、堤氏は、一度たりともオーナー会議に出席したことはなく、戸田博之・西武鉄道社長に代行させている。

戸田氏は直接的に事件の責任を問われる立場にあり、オーナー代行役も辞めざるを得まい。そうなれば、これまで後ろで糸を引くだけだった堤氏が表面に出てくるしかあるまい。そうなったにしても、他のオーナーたちは、おそらく何も言わず静観するだけだろう。

しかし、たとえ堤氏が辞意を表明しなくても、事件についての社会的責任を問い、すくなくともＪＯＣや日本体育協会など公益法人であるスポーツ組織の要職からは身を引くように迫る必要があろう。

それとともに、今こそ、堤氏のような資質の権力者に長年頼ってきたことでスポーツ組織が非民主的で閉鎖的なものになり、どれほど荒廃してきたかを真摯に反省し、大胆な組織改革に取り組むべきだ。

6　堤義明氏に要求すべき完全撤退

コクドの有価証券報告書虚偽記載事件で堤義明氏（コクド会長）は、責任を取って、すべてのグループ企業の役職を辞任した。

しかし、堤氏が事件に直接関わっているのは明らかで、その罪を追及されるのは間違いないだろう。

今回の事件は、堤氏の長期的な独裁的支配によるグループ企業の構造的な腐蝕を象徴しているといえよう。二〇〇四年一〇月一四日付の『朝日新聞』朝刊によると、企業の倫理についての問に堤氏は、こう応えている。

「会社としての体質が古かった。深く反省し、こうした事態が再び起きないように次の経営者に後を託したい。グループ内で私がいると、風通しが悪かった」

「古い体質」や「風通しの悪さ」は、他ならぬ自分がすべてつくりだしたものだ、という自覚が堤氏にはない。ましてや自己批判や自己反省などあろうはずがない。

堤氏は、独裁的な資質の人間が好む「密室主義」や「院政」をグループ企業の経営ばかりでなく、スポーツ組織の運営にも持ち込んだ。

その結果、スポーツ組織もきわめて風通しが悪くなってしまった。たとえば、JOC（日本オリンピック委員会）の人事や重要案件は、コクドにある堤氏の部屋で決められてきた。JOCの幹部たちは、その部屋を訪れて堤氏におうかがいを立てるのが当たり前になっていた。当然、堤批判は、タブーにされた。希にタブーを破って堤批判をした理事もいたが、あっさり排除されてしまった。

今回の事件で、堤氏は、プロ野球・西武ライオンズオーナーを辞職するだけで、JOC名誉会長、日本体育協会理事、全日本スキー連盟会長、日本アイスホッケー連盟名誉会長の役職について進退を明確にしていない。JOC名誉会長について、堤氏は、「辞退を申し出るが最終的にはJOCの判断に委ねる」という。

JOCが堤氏の辞退を受け入れるわけがないことを堤氏は十分承知しているはずだ。JOC幹部は、こう断言する。

「堤さんに辞めてください、といえる人は誰もいません」

竹田恒和・JOC会長をはじめ幹部たちは、口を揃えて堤氏の貢献を強調する。一方、堤氏がJOCにもたらした悪影響については、一切口を閉ざしている。

いうまでもなく、JOCは公益法人として税制上の優遇措置を受けている。それゆえにJOCは、企業のそれとは比べられないほどに厳しい倫理を求められている。

不正事件によって堤氏が公益を損なうのは明らかであり、JOCに判断を委ねるまでもなく自らJOC名誉会長を辞任すべきなのだ。全日本スキー連盟や日本アイスホッケー連盟のポストについても同様である。

一方、不正事件を起こしたグループ企業のオーナー経営者である堤氏の責任を問い、辞任を要求すべきJOCや競技団体は、こぞって「辞めないでほしい」と引き留める有様だ。

また、堤氏に対する批判をタブーにしてきたメディアにもスポーツ組織からの撤退を迫る姿勢はない。

堤氏は、JOCや競技団体のポストを最大限利用し、コクドやプリンスホテルなどのスポーツ・レジャー事業に結びつけてきた。堤氏がそれらのポストを辞任しようとしないのは、今後も事業の利益のために利用し続けたいと考えているからだろう。そのスポーツ・レジャー事業を通して自然環境の破壊やさまざまな利権を巡る疑惑など、これまで堤氏のつくりだした負の遺産は、JOCや競技団体の社会的信頼を損なわせ計り知れないほどのイメージダウンをもたらした。

堤氏に対する批判をタブーとしてきた重大な責任を棚に上げてメディアが今後も堤氏を担ぎ続けるなら、社会的信頼を一気に失うであろう。スポーツ組織からの完全撤退を堤氏に要求するとともに、堤氏の遺してきた負の遺産を取り除き、組織の透明化、民主化を実現するように導いていくのがメディアの緊要な課題であろう。

7　土建行政と命名権ビジネスの浅薄さ

横浜市が横浜国際総合競技場の命名権を日産自動車（日産）に販売したということで、二〇〇四年一〇月七日に報道陣を集めてセレモニーまで行なわれた。

中田宏横浜市長は、自分の手柄とでも言いたげな様子で、この売買契約を誇らしげに語った。その愚かさ、浅薄さに無自覚なのには、あきれてしまった。

もともと、この競技場を建設したこと自体が市行政の大失政であり、命名権販売は、それを誤魔化すものでしかない。本来なら、中田氏は恥じ入ってセレモニーなど拒否すべきだった。

一兆円をはるかに超える借金を抱え財政が破綻状態にあったにもかかわらず市行政は、二〇〇二年日韓共催サッカー・ワールドカップの数試合のために六〇三億円もかけて七万二〇〇〇人収容の巨大な競技場を建設したのだ。

しかも、後利用の展望がまったくなかった。また、維持管理費だけでも年間八億円以上にもなることも明らかだった。この建設費、維持管理費はすべて税金で賄われるわけで、当然その負担が長期にわたって市民にのしかかってくる。

このような非常識で無謀なことがまかり通ったのは、いうまでもなく日本列島に浸透、定着してきたハコモノ優先の土建行政とゼネコンとの癒着体質による。

巨大なハコモノさえ造ればいい、という土建行政の発想で建設された競技場には、当然、「魂」がない。その競技場を必要とするだけのスポーツの土壌がなければ、「魂」が宿るわけはない。空虚さだけのハコモノだから、命名権販売のような姑息な発想もできたのだろう。

「資本主義は、万物の商品化のプログラムである。資本家は、まだそれを完全には実現していないが、これまでずっとその方向でかなりの道のり進んできた」

『脱商品化の時代』（藤原書店）のなかで著者のイマニュエル・ウォーラーステインは、こう指摘している。競技場の命名権を販売するというのは、まさに資本主義による商品化の貪欲さを象徴している。

おそらく、命名権ビジネスは広告代理店が発想したものであろう。すでに命名権を取得した例としては味の素の「味の素スタジアム」（旧東京スタジアム）、ソフトバンクグループの「Ｙａｈｏｏ！　ＢＢスタジアム」（旧グリーンスタジアム神戸）などがわかる。

横浜国際総合競技場の命名権の販売価格は、年間四億七〇〇〇万円、来年春から五年契約で総額二三億五〇〇〇万円。この契約によって来春から、競技場名が「日産スタジアム」になる。日産としては、巨額の税金で建てられた公共施設をあたかも自社のものであるかのように宣伝に使えるのだから、経済効果は極めて高いだろう。

日産を親会社とするＪリーグの「横浜Ｆ・マリノス」の岡田武史監督は、セレモニーで、こう発言した。

「これまでは、ここを借りているという意識でしたがこれからは真のホームグラウンドという感じになると思います」

これは、明らかに外交辞令だろう。たとえサポーターが二万人入ったとしても圧倒的な空席に囲まれて空虚感に支配される。そのうえ、観客席とピッチとの距離がかなりあり、盛り上がりを拡散してしまう。このような競技場がサッカーに適していないことは、だれでもわかることだ。

岡田監督は、このような巨大なだけの競技場ではなく、選手とサポーターが一体となってゲームを盛り上げられるようなサッカー専用の競技場を望んでいるはずだ。

「日産」という企業名を冠せたために他企業がスポンサーになるイベントの開催に支障を生じるようなことも起きて来るであろう。

市は、目先のカネに飛びつく場当たり的な発想ではなく、長期の展望に立って市民の広範な利用によって、スポーツの「魂」が込められていくような施設にこの競技場を造り替えることを考えるべきではなかろうか。

10章　民衆とスポーツ

1　欲求不満のはけ口だったサップ曙戦

二〇〇三年大晦日に日本テレビ、TBS、フジテレビの三局がそろって格闘技の中継番組を放映したのは異常としかいいようがない。

そろいもそろって独自の番組づくりを放棄し、格闘技中継に頼るという発想はあまりにも安直すぎる。

しかも、どの局も中継する格闘技の質をまったく無視し、こけおどしの舞台づくりや大げさに煽り立てるだけのアナウンスメントなどの演出でお茶を濁す拙劣さをさらけ出した。

とくに、「K—1　Dynamite!!」（TBS）のボブ・サップ対曙戦は、演出から試合まで、すべての面で最悪の内容だった。

会場となったナゴヤドームには、誇大な前広告や宣伝に乗せられたこともあったであろう、約四万四〇〇〇人もの観衆が高額の入場料（最低六〇〇〇〇円から最高三万二〇〇〇〇円）を払って詰めかけた。

選手が入場し花道を通ってリングに上がるまで映像やスポットライト、そして音楽という、常套となっているこけおどしの舞台づくりと演出が繰り広げられた。そのうえ、おそらく本人の意思ではなかろうがボブ・サップと曙を日米対決に仕上げるために両国の国旗を掲揚し、スティービー・ワンダーと小柳ゆきに国歌を謳わせる演出まで仕組まれた。

選手に国家を背負わせてナショナリズムを煽り、より高い視聴率を稼ごうという企図が見え見えで、まさに視聴率至上主義の病原体に蝕まれたテレビの重篤な症状を見せつけた。

さて、試合はというと、開始後わずか約三分でボブ・サップの強烈なパンチを顔面にくらって曙がダウンし決着した。大げさな演出とあまりに対照的な試合のお粗末さで惨めな印象だけが残った。

それにしても、曙はあまりにも哀れだった。大相撲で外国人力士として初めて横綱まで上り詰め、優勝一一度をはじめ五六六勝一九八敗の実績を残した曙には、それなりの誇りがあったに違いない。しかし、わずか三分でリング上に横たわり失神した瞬間にその誇りも消し飛んでしまったであろう。しかも日の丸、君が代で日本国家を背負わされての敗北だけに余計に無惨だった。

テレビにとって、そうした試合の内容はどうでもいいことで関心事は唯一、視聴率の結果なのだ。二〇〇四年一月三日付でスポーツ紙から一般紙にいたるまで、ＮＨＫの紅白歌合戦との対比で格闘技中継の視聴率（関東地区）の結果を取り上げた。

「紅白」（第二部）が史上最低の四五・九％だったのに対してＴＢＳのＫ—１（一九・五％）とフジテレビのＰＲＩＤＥ（一七・二％）が健闘、日本テレビのイノキボンバイエ２００３（五・一％）は惨敗と報じられた。

そしてＴＢＳの誇らしげな談話も掲載された。

『紅白の裏に格闘技』という発想の本家本元としての定着感がある。さらに、日ごろ、格闘技に興味を持たなかった人までも注目する世紀の一戦を放送できたことが信じられない視聴率につながった」（『日刊スポーツ』）

質も問わず単に「格闘技」の見せ物に安直に寄り掛かっているにすぎないものを「本家本元」「世紀の一戦」といって憚らないところにテレビ関係者の低劣な発想が露骨に示されている。

一方、会場に押し掛けた観衆といいテレビ観戦した多くの視聴者についても、なぜ、そんなに格闘技に関心を持つのか大いに疑問を抱く。

興行師とテレビをはじめとするメディアが結託して作り出された粗野で攻撃的な「格闘技」という商品を欲求不満のはけ口として消費しているだけではないのか。

「スポーツは過酷な見せ物商売であり、現代の剣闘士（グラディエイター）である」という指摘もされる。死ぬまで闘うしかない剣闘士の見せ物に熱狂した古代ローマの民衆の精神的頽廃と「格闘技」のファンの心情とは極めて類似しており、精神の劣化を表徴しているとしか思えない。

2 スポーツファンへの警鐘

ノーム・チョムスキーがアメリカのスポーツについて批判的な発言をしている。それは、チョムスキーへのインタビューをまとめた『秘密と嘘と民主主義』(成甲書房)の小項目に入れられた「スポーツと集団ヒステリー」。

チョムスキーはスポーツ観戦にともなう集団ヒステリーの役割を次のような点から批判する。

一、スポーツ観戦は人々を受け身にする。なぜなら、自分がそのスポーツをしているのでなく、ただ観戦するだけだからだ。

二、スポーツ観戦は好戦的態度と排他主義とを過激なまでに助長する。とくに地域社会が地元チームをヒステリックに応援するような仕組みになっている場合はたいへん危険であり、心身ともに悪影響をおよぼす。

また、チョムスキーは、インタラクティブ(双方向型)技術を駆使したインターネットによる参加型のスポーツ観戦についても手厳しく批判する。

「インタラクティブ技術の筋書きからは、スポーツ観戦が人びとを受け身にし、ばらばらにし、従順な傍観者――ものごとに疑問を抱かず、容易にコントロールされ、与えられた規律をひたすら守る人びと――にするという計算ずくの麻痺効果が見てとれる」

チョムスキーの批判を他人事とせず自らへの警鐘として真剣に受け止めねばならない。なぜなら、スポーツ観戦の悪影響を逆に歓迎するものがいるからだ。それは、小泉純一郎政権であり財界だ。両者は結託して、軍事国家を目指して、武器輸出三原則の骨抜き、そして憲法九条の改正を企んでいる。民衆がスポーツ観戦に熱中し、その重大事から関心をそらせ、従順な傍観者でいてくれるのは、両者にとって願ってもないことなのだ。

軍事国家への暗闇が間違いなく拡がってきているなかで、それを阻止しようと声を上げ、行動する人たちも多くなっている。

そうした人たちが掲げる光をより大きな束にしていけば暗闇を切り裂く力になるだろう。スポーツに関わるものも、その光の束に積極的に加わらなければならない。

スポーツは社会に対して受動的でしかなかった。しかし、これからは、スポーツの持つ共同体の性格を積極的に生かすことによって人と人を繋ぎ、相互理解や連帯を生み出し、平和な社会をつくる力にしていかなければならない。

小熊秀雄の詩の一部を借りて最終回の締め括りとしよう。

仮りに暗黒が
永遠に地球をとらへてゐようとも　権利はいつも
目覚めてゐるだらう、

（中略）
嘆きと苦しみは我々のもので
あの人々のものではない
まして喜びや感動がどうして
あの人々のものといへるだらう、
（中略）
君よ、拳を打ちつけて
火を求めるやうな努力にさへも
大きな意義をかんじてくれ

幾千の声は
くらがりの中で叫んでゐる
空気はふるへ
窓の在りかを知る、
そこから糸口のやうに
光りと勝利をひきだすことができる
（以下略）

「馬車の出発の歌」より抜粋。

あとがき

「戦後六〇年」を一つの区切りとして、現実を的確に認識するために様々な面から歴史的な検証がなされている。その意義は極めて大きいと言える。

一九九〇年代以降、日本社会は、アメリカ発の新自由主義のグローバル化に侵蝕され市場至上主義による優勝劣敗・弱肉強食の状況となった。

それと同時に、九九年の第一四五通常国会で成立した「周辺事態法」、「盗聴法」、「国旗・国歌法」、「改正住民基本台帳法」によって、国家主義の拡大浸透が顕わになった。さらに、その後の有事法制、テロ特措法によって、安保条約を背景にしながら日本は、イラクへの海外派兵を行い、「戦争する国」へと突き進んでいる。この先、「憲法改正」の動きが加速化されるのは必至とみなければならない。

スピードを伴った危険極まりない大転換の流れに飲み込まれないために、何をすべきなのか、何をしてはならないのか、が一人一人に問われている。誤らず的確な判断を下すには歴史的な検証が不可欠なのだ。

スポーツの分野もそうした流れと無関係ではあり得ず、その影響が様々なかたちで現象している。

スポーツについての歴史的検証に当たって見落とせないのは、明治から現在まで継続してきた「富国強兵」を基盤とした「西洋に追いつき追い越せ」という国策との密接な関係である。

戦前、体育・スポーツを統括した「大日本体育協会」は、目的を次のように規定した。

〈日本における体育並びに運動競技の根本方針を確立し、アマチュア運動競技団体を統制指導し、あまねく体育並び運動競技の健全なる発達を期し、もって国民体力の向上と国民精神の作興を図る〉

日中戦争が拡大する状況下で、軍国主義国家が体育・競技に期待したのは、「国民体力の向上」と「国民精神の作興」であった。

では、敗戦後の「平和主義国家」は、体育・競技に対する期待を変えたであろうか。答えは、「否」である。

戦後も学校から地域まで、「体力づくり」が体育・スポーツ活動の中心でありつづけた。また、一九六一年に成立した「スポーツ振興法」(議員立法)の核とされたのは、「国民精神の作興」であった。同法に関する国会での審議過程(文教委員会)で当時の文部大臣は、同法の根本的意義について、「スポーツ振興が国民精神の健全な作興に基本的な効果をもたらす」と答弁した。国家が求める健全な国民精神とは、国家への忠誠心や愛国心である。

八〇年代、「経済大国にふさわしいスポーツ強国をつくれ」という中曽根康弘首相の号令によって、ヒト・モノ・カネがエリート選手の競技力強化に重点的に投じられるようになった。

そして、メディアの介在によって、「日の丸」を背負うエリート選手は、国家主義の象徴であり、同時に商業主義的に価値のある商品に仕上げられていった。

国内で行われた各種競技のリーグ戦が軒並み低調の極みにあるなかで、「日の丸」を付けた代表チームや個人の試合となると一気に関心を集めるという傾向が顕著になっている。まさしく、ナショナルチームや個人は国家主義を良しとする「国民精神作興」に大きく貢献しているのだ。

メディアの力によって、プロスポーツであるプロ野球や大相撲などはもちろんのことナショナルチームや個人の参加するオリンピックや各種国際競技大会などの「見るスポーツ」が圧倒的に大衆の関心を集めてきた。換言すれば、大衆は、観客として「見るスポーツ」を消費してきた、ということだ。

しかし、優勝劣敗・弱肉強食の流れに巻き込まれて、「見るスポーツ」としての商品価値が低くなれば消費者は撤退する。

大相撲やプロ野球界でのファン離れがそのいい例だ。消費者をもう一度取り戻せるような独自の商品価値を作り出すのは至難と言わざるを得ない。

アメリカ・大リーグ（ＭＬＢ）でさえ、国内市場の限界に突き当たり、新しい商品を作って海外の市場拡大や新たな開拓に乗り出さざるを得なくなっている。それを具体化したのがＭＬＢが〇六年三月に開催を決めた、「ワールド・ベースボール・クラシック」（ＷＢＣ）である。国別対抗方式を採用したのも参加国や地域の市場拡大や開拓の狙があってのことに違いない。

消費欲求の飽くなき開発を競う状況にさらされて、従来の「見るスポーツ」は、勝ち組か負け組かに厳しく分けられ淘汰されていくだろう。そして、間違いなく、スポーツに望むべき真の豊かさを喪失するだろう。

メディアは、「見るスポーツ」がいかにも華々しく、いかにも盛んであるかのような幻想を与えてきた。しかし、それぞれの競技の土壌をみると明らかに痩せ細り枯れてきていることが分かる。そこにスポーツの根源的な危機が表出されていると言える。

その原因となっている核心の問題は、日本では民衆のスポーツの楽しみ方が「見るスポーツ」を消費する観客としてであって、自らがスポーツを「する」ことではないことにある。つまり、民衆がスポーツの主人公になり得ていないのだ。

スポーツを「する」ことは、人と人のふれあいやコミュニケーションを実現し、競争や対抗とともに協同や相互補助、友情などの人間関係を生み出す。それゆえ、「する」ことによってはじめて、スポーツの真の楽しさや豊かさを実感できるのだ。

民衆がスポーツの主人公となる環境を作り出すことは、豊かな社会づくりに繋がると言っても過言ではない。

この本の第一部、第二部では、正力松太郎、渡邉恒雄、堤義明などの人物がどのようにスポーツを支配してきたのかを検証してみた。

そのいずれもが、スポーツを事業化し企業グループの利益追求の道具に最大限利用してきた。

それとともに、「スポーツ大国」づくりにもそろって加担してきた。

かれらに共通するのは、「強者の論理・倫理」であった。しかし、皮肉にも、その自己中心の論理や倫理によって自らの首を絞める結果になった。その経緯には、スポーツ界が受け止めるべき反面教師としての教訓を多く見出せると思う。その教訓を生かすことが将来への展望を切り開く何らかの手掛かりになれば幸いである。

第一部の「プロ野球はどこへいく」は『世界』(二〇〇四年十一月号)、第二部の「スポーツに賭けた堤義明の野望と挫折」は、『現代スポーツ評論12』(二〇〇五年五月二五日発行)の文章をもとに大幅に書き換えた。

第三部は、「週刊金曜日」の連載コラムの六一回目から最終回までをテーマ別に再構成したものである。この連載にあたって編集部の伊田浩之さん、金香清さんから受けたアドバイスや励ましに、この場を借りて感謝の意を表したい。

『スポーツを殺すもの』に引き続き、この本の出版が実現できたのは、ひとえに花伝社の平田勝さんの尽力によるものであり、感謝するばかりである。

二〇〇五年八月　　谷口 源太郎

谷口源太郎（たにぐち・げんたろう）

1938年、鳥取市に生まれる。早稲田大学中退。講談社、文芸春秋の週刊誌記者を経て、1985年からフリーランスのスポーツジャーナリスト。新聞、雑誌、テレビ・ラジオを通じて、スポーツを社会的視点からとらえた批評をてがける。1994年から95年にかけて東京新聞に連載した「スポーツウォッチング」で94年度「ミズノ・スポーツライター賞」を受賞。立教大学、フェリス女学院大学非常勤講師、メディア総合研究所運営委員、「メディア総研ブックレット」編集委員。

著書に、『スポーツを殺すもの』(花伝社)、『冠スポーツの内幕』(日本経済新聞社)、『堤義明とオリンピック』(三一書房)、『スポーツの真実』(三一書房)、『日の丸とオリンピック』(文芸春秋社)などがある。

巨人帝国崩壊——スポーツの支配者たち

2005年10月10日　初版第1刷発行

著者 ——谷口源太郎
発行者 ——平田　勝
発行 ——花伝社
発売 ——共栄書房
〒101-0065　東京都千代田区西神田2-7-6 川合ビル
電話　03-3263-3813
FAX　03-3239-8272
E-mail　kadensha@muf.biglobe.ne.jp
URL　http://www1.biz.biglobe.ne.jp/~kadensha
振替 ——00140-6-59661
装幀 ——渡辺美知子
印刷・製本 —モリモト印刷株式会社

ISBN4-7634-0450-4 C0036